MW00512267

Petrus Ceelen

Was ich Euch noch sagen wollte

Petrus Ceelen

Was ich Euch noch sagen wollte

Dignity Press
World Dignity University Press

Umschlagbild: Karl Bechloch

Veröffentlicht durch:
Dignity Press
16 Northview Court
Lake Oswego, OR 97035, USA

ISBN 978-1-937570-08-8

Mehr zum Buch: www.dignitypress.org/sagen-wollte

Zettel-Hintergründe basieren auf: https://pixabay.com/de/illustrations/post-it-memos-notizen-info-1975179/ (Bild von Alexandra Koch auf Pixabay) und https://pixabay.com/de/illustrations/haftnotizen-post-it-notizen-klebrig-938602/ (Bild von no-longer-here auf Pixabay)
Gedruckt auf Papier aus nachhaltiger Forstwirtschaft, siehe www.ingramcontent.com/publishers/resources/environmental-responsibility

Inhalt

Vorwort

... Auf jeden Fall ist dies mein letztes Buch. Schluss. Aus. Amen.

Denk Zettel – Aus meiner bunten Lebensbibel – S. 17

Diesmal gilt´s. Das ist so sicher wie das Amen in der Kirche. Nur so sicher ist das Amen in der Kirche auch nicht mehr. Denn oft ist niemand mehr da, der noch Amen sagt.

Nach meinem Abschiedsbuch Denk Zettel wollte ich tatsächlich nichts mehr schreiben. Ich weiß. Das habe ich schon oft gesagt. Und jedes Mal habe ich es auch so gemeint. Aber was kann ich dafür, dass ich immer wieder schwanger werde? „So ebbes ist schnell passiert", sagt mir Frau Häberle. Sie kann es wissen: 6 Kinder, 15 Enkel.

Zu meinem 75. Geburtstag blickte ich auf mein Leben zurück: *Nur der Titel fehlt noch – Mein letztes Buch!?* – Immerhin stand ein Fragezeichen dahinter. Ich hinterfrage vieles und bin immer noch nicht dahintergekommen: Warum gibt es nicht nichts? Ich sinne nach: Was ist der Sinn? Dass es mich gibt? Dass wir hier auf diesem Fliegenschiss im Universum leben? Aber viel mehr noch beschäftigen uns oft ganz andere Fragen: Warum musste unser Kind sterben? Warum tut der Mensch, den ich liebe, mir so weh? *Verwundet – vernarbt – verwandelt.* Die Wunde der Trauer um meine Choupette ist auch nach über einem Jahr noch längst nicht vernarbt. Immer wieder ertappe ich mich bei dem Gedanken: Ach, wäre das schön, wenn du noch einmal kurz wiederkämst, für einen Augenblick nur, nur für eine hundertstel Sekunde ... Dieses Niemals mehr, dieses Endgültige macht es so schwer, damit zu leben. Annehmen und loslassen. Das ist die Lektion, die wir alle lernen müssen.

Inzwischen habe ich mich selbst mit dem Tod angefreundet. Die Schmerzen sind manchmal so schlimm, dass ich denke, Sterben ist nicht schwer. Im Frühling hatte ich schon mehrmals das Gefühl, es geht nicht mehr lange – und blieb dabei erstaunlich ruhig. Dann ist es halt so, sagte ich mir. Aber das heißt nicht, dass ich nur noch im

Bett gelegen bin und mit gefalteten Händen den Tod herbeigebetet habe. Und auch jetzt schwinge ich mich immer wieder aufs Fahrrad und fahre ohne E etwa eine halbe Stunde, auch Steigungen hinauf und runter. Und ich beerdige weiterhin jeden Monat 2-3 Menschen, obwohl ich selbst mit einem Bein im Grab stehe. Und dann habe ich auch noch Schmetterlinge im Bauch …

Ich weiß, das passt alles nicht zusammen und muss manchmal lachen über mich, obwohl es eigentlich zum Heulen ist. Irgendwie passt das zu mir. Ich bin einer, der in keine Schublade passt. Und wenn ich dann höre, dass bei einigen schon eine Kerze für mich brennt – sogar im Hospiz, frage ich mich: Geht mein Licht wirklich bald aus?

Ich tappe im Dunkeln, taste mich langsam voran und frage mich: Bin ich jetzt zum letzten Mal in Belgien und muss Abschied nehmen von meiner geliebten Nordsee? Werde ich noch öfter zu der Stelle in den Dünen hingehen können, wo wir die Asche meiner Frau verstreut haben? Ich rechne fest damit, dass ich beim Hüttenfest zum 50. Geburtstag von Katrin und Anne Ende September noch dabei bin. Aber wie schnell es am Ende gehen kann, habe ich bei meiner Choupette gesehen.

Aber wer weiß. Vielleicht erlebe ich doch noch meinen 80. Geburtstag. Am 11. Februar 2023 werde ich *quatre vingt,* zum vierten Mal zwanzig, zum zwanzigsten Mal vier. Ich feiere gerne auf französisch – mit belgischem Bier.

Ein fröhliches Fest wird auch die Geburt meines neuen Kindes. Wenn ich es selbst nicht aus der Taufe hebe, bekommt Ihr bei meiner Trauerfeier statt eines Totenbildchens mein Baby in die Hand gedrückt: *Was ich Euch noch sagen wollte.*

Meine Lieben! Ich möchte Euch noch einmal berühren und auch ein paar Nüsse zu knacken geben. Ihr lest hier viele neue Texte und andere, die ich weitergeschrieben habe. Es sind meine „Lieblinge" aus verschiedenen Büchern sowie Dutzende Denkzettel, kurz, knapp, knackig. Zwischendurch ein bisschen Biografisches. Meine Knastzeit bringe ich zur Sprache, u.a. mit einem Vortrag, den ich 1990 Gefangenenseelsorgern in Würzburg gehalten habe und der immer noch aktuell ist.

Ja, es sind die alten Fragen, die uns immer noch beschäftigen. Ich kann nur sagen:

> Ich komm, weiß nicht woher.
> Ich bin, weiß nicht wer.
> Ich geh, weiß nicht wohin.
> Mich wundert´s, dass ich fröhlich bin.

Im Grab schreibe ich dann die hundertste Friedhofsgeschichte. Bis dahin halte ich die Ohren steif und die Augen offen. Und ich bin unendlich dankbar für die mir noch geschenkte Zeit – jeden Tag neu!

Euer Petrus, Anfang August an der Nordsee

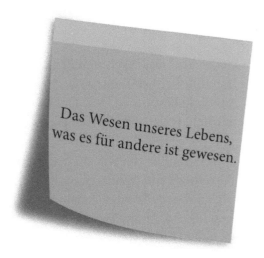

Das Wesen unseres Lebens, was es für andere ist gewesen.

Denkst du. Denkste!

Du denkst. Denkst du. Du denkst Gedanken, die von anderen auch gedacht werden. Du denkst nach über das, was Milliarden Menschen vor dir auch schon zu denken gegeben hat. Du stehst im Strom menschheitlichen Nachdenkens. Du denkst dich in die Gedanken von Denkern hinein, denkst die Gedanken von Vordenkern nach. Du denkst nach, was andere dir in den Medien vorschreiben, vorsagen. Viele „originelle" Gedanken, Ideen sind „geklaut". Geistiger Diebstahl in Büchern und Doktorarbeiten. Plagiatsvorwürfe. Fehlende Fußnoten und Gänsefüßchen.

Abgeschrieben wird auch bei Heiratsanzeigen: „Der Engländer Patrick Moore hatte es satt, sich jeden Morgen an- und abends wieder auszuziehen. Deshalb nahm er einen Strick und erhängte sich. Mir geht´s ähnlich. Aber meine Konsequenz daraus ist noch radikaler: Ich werde heiraten." Mit diesen Sätzen haben schon einige Paare sich gefunden und ziehen sich weiter an und aus.

Todesanzeigen enthalten auch selten originelles Gedankengut. Dabei war jeder, der da von uns gegangen ist, ein einmaliger, einzigartiger Mensch, den es so noch nie gegeben hat und niemals mehr geben wird. Ein Unikat.

Jeder Tod löst Nachdenklichkeit aus. Wir werden mit unserer eigenen Endlichkeit konfrontiert. Gedenke Mensch, Staub bist du und zu Staub kehrst du wieder. Daran denken wir lieber nicht. Du, sei mal ehrlich: Hast auch du nicht schon mal gedacht: Alle müssen sterben, nur ich nicht?! Denkste!

Was glaubst du, wer du bist? Was bist du? Ein Zufallsprodukt? Ein Versehen? Ein Wunschkind? Wollte Gott, dass du lebst? Was hat er sich dabei gedacht, als er dich ins Leben rief? Was war sein Hintergedanke? Durch Denken kommst du nicht dahinter, denn die Gedanken Gottes sind so hintersinnig, hintergründig, dass du sie nicht nach-denken kannst.

Du kannst dir selber nachgehen, du kannst dich mit deinen Gedankengängen noch so weit vorwagen, du kommst nicht an das Geheimnis heran, das du bist, dass du du bist.

Du kannst nur staunen und stillhalten. Innehalten und spüren, wie das Erstaunliche dich andenkt, dich anrührt, dich ergreift. Ergriffen sein, statt Begreifen zu wollen. Geh lieber in die Knie vor dem Großen Geheimnis, das dich dich sein lässt.

In der Stille hörst du,
wie laut du manchmal bist
und wie viel Lärm du machst
um lauter nichts.

DU

Was ich dir
noch sagen wollte.

Lauf nicht herum,
geh deinen Weg.

Red nicht herum,
sag deine Meinung.

Mach nicht herum,
tu, was du tun musst.

Sei nicht irgendjemand.
Sei du du.

Sei du selbst.
Dazu bist du berufen.

Fang nie an aufzuhören.
Hör nie auf anzufangen –
bei dir selbst.

14

Dein Name

Wie findest du
deinen Namen?
Gefällt er dir?
Hörst du ihn gern?

Dein Name wurde dir
bei deiner Geburt gegeben.
Er hilft dir herauszufinden,
wer du eigentlich bist.

Dein Eigenname
passt voll und ganz zu dir,
ist wie deine zweite Haut,
ein Stück deiner Seele.

Du kannst ganz
bei dir zuhause sein,
denn du bist
nämlich du.

Du trägst tagaus
tagein deinen Namen
und er trägt dich
durchs Leben.

Früher hieß ich Petrus.
Heute bin ich Petrus.

Nein, du bist nicht zu

Nein, du bist nicht zu dick,
dein Kleid ist zu eng.

Nein, du bist nicht zu stur,
dein Wille ist zu stark.

Nein, du bist nicht zu langsam,
die anderen sind zu schnell.

Nein, du bist nicht zu gütig,
dein Herz ist zu groß.

Nein, du bist nicht zu alt,
für die Jungen nur zu weise.

Nein, du bist nicht zu ...,
du bist du.

Sie platzt aus allen Nähten.
Schönheit braucht Platz.

Jeder Mensch hat das Recht,
so zu sein, wie er ist.
Das ist sein gutes Recht.
Sein Menschenrecht.

Johannes, Johanna

Nach der Wahl von Papst Johannes XXIII. kam es zu einer Kleiderpanne. Nicht ein einziges der fünf vorbereiteten, unterschiedlich breiten und langen Papstgewänder passte nämlich auf seine rundliche Figur. Wegen seiner Leibesfülle sah der Pontifex wie eine „Knackwurst" aus. So musste das päpstliche Gewand hinten einfach aufgetrennt und mit Sicherheitsnadeln befestigt werden, damit der neue „Papa" sich auf der Loggia des Petersdomes dem Publikum zeigen konnte. „Alle wollten mich, nur die Schneider nicht."

Gleich nach Dienstantritt hat der „gute Papst" das Gehalt der päpstlichen Sesselträger mit der Begründung erhöht, er wiege viel mehr als sein magerer Vorgänger Pius XII. „Das Papsttum hat an Gewicht zugenommen."

Als Johannes XXIII. von einem Fotografenheer belagert wurde, seufzte er: „Der liebe Gott weiß seit 78 Jahren, dass ich Papst werden würde. Da hätte er mich in all den Jahren doch ein wenig fotogener machen können."

Als „der als Papst verkleidete Mensch" in den 60er Jahren gefragt wurde: „Wie viele Menschen arbeiten im Vatikan?", antwortete er mit einem Schmunzeln: „Ich hoffe, die Hälfte!"

Erzählt wird auch diese Geschichte: Da kommt also ein junger Bischof nervös zum alten Papst Johannes XXIII. und berichtet ihm von der Bürde seiner Würde; er finde, klagt der Junge, vor lauter Verantwortung keinen Schlaf mehr.

Da lächelt der Alte und sagt, dass es ihm nach seiner Wahl zum Papst auch so ergangen sei, er habe kein Auge mehr zugetan. Einmal sei er dann kurz eingenickt, und da sei ihm im Traum ein Engel erschienen, dem er seine Not berichten konnte. Der Engel habe gesagt: „Giovanni, nimm dich nicht so wichtig." Seitdem, so Papst Johannes XXIII., „kann ich wunderbar schlafen."

Der kleine, dicke Bauernsohn aus Bergamo macht Mut: „Jeder kann Papst werden, der beste Beweis dafür bin ich." Nur hat die Hälfte der Gläubigen nicht die richtigen Chromosomen. Nur die Päpstin Johanna soll es als Mann verkleidet geschafft haben, zwei Jahre und sieben Monate auf dem Petri Stuhl zu sitzen. Und dann geschah im April des Jahres 858 etwas Ungeheuerliches. In einer Gasse nahe dem Lateran-Palast stockte die vom Papst Johannes VIII geleitete Prozession. Der „heilige Vater" stürzte zu Boden und gebar ein Kind. Seitdem muss jeder neu gewählte Papst auf einer Art Nachtstuhl von rotem Marmor mit durchbrochener Sitzfläche, der „Sella stercoria", Platz nehmen. Darunter hockte ein Priester, der dem Papst zwischen die Beine griff. Erst wenn er rief „Habet!" (Er hat es), erlangte die Papstwahl Gültigkeit.

Wenn wir es recht überdenken,
so stecken wir doch alle
nackt in unseren Kleidern.
Heinrich Heine

Jeder ist ein Mensch.
Keiner ist mehr
oder weniger Mensch
als andere.

Schlechtes gut achten

Missbrauchsgutachten, ob in Köln, München-Freising, Münster, Berlin, Mainz, Trier: Überall die gleichen Vorwürfe: Verbrechen vertuschen. Täter versetzen. Strafvereitelung. Aktenvernichtung. Machtmissbrauch.

Der Münsteraner Studie zufolge haben sich drei Bischöfe im Umgang mit sexualisierter Gewalt an mindestens 610 Jungen und Mädchen durch fast 200 Kleriker schwerer Versäumnisse schuldig gemacht. Deshalb hat der jetzige Bischof Genn die Bischofsgruft geschlossen, in der seine drei Vorgänger begraben liegen: Keller, Tenhumberg, Lettmann.

Kardinal Meissner kann unten im Kölner Dom wohl auch nicht in Frieden ruhen, nachdem er schwer belastet wird. Er, „der Wachhund" der Kirche ist allzu gnädig mit den „Brüdern im Nebel" umgegangen und hat angeblich von dem ganzen „Mist" nichts geahnt.

Auch die bis heute sehr populären Mainzer Bischöfe Lehmann und Volk waren Teil der „Täterorganisation" und haben eine Leiche im Keller. Schließt die Bischofskrypta, so dass dort niemand mehr vor ihnen niederkniet.

Kardinal Woelki, Wetter, Marx … Die hochwürdigsten Herren sind auch nicht sauber. Sie alle gehören nach ihrem Tod auf dem Gottesacker, auf einer Ebene mit ihren Opfern begraben.

Ex-Papst Benedikt XVI hat es auch nicht verdient, in der Krypta des Peterdoms zu ruhen. Das Gutachten achtet schlecht über den damaligen Bischof von München-Freising. „Cooperatores Veritatis", Mitarbeiter der Wahrheit, war dort sein Wahlspruch. Benedikts Wahrhaftigkeit hat stark gelitten, nachdem er nachweislich die Unwahrheit gesagt hat.

„Ich wurde missbraucht,
weil ich katholisch war."
Ein Münsteraner Betroffener

AHA

Abstand, Hygiene, Alltagsmaske
und es gilt 3 G:
geimpft, genesen, getestet.

Gelassenheit, Güte, Gottvertrauen,
dieses 3 G gilt es zu leben und lächelnd
andere damit anzustecken.

Geimpft, genesen oder gestorben.
Gesundheitsminister Karl Lauterbach

Unsere Ängste sind Wege zum Vertrauen. Indem wir das tun, wovor wir Angst haben, wächst unser Selbstvertrauen...

Oberaffengeil

Auch Gott hat Humor:
Er hat uns erschaffen.
Nach dem Affen
schuf er den Menschen.

Mich laust der Affe.
Zu 99,4 Prozent
trägt der homo sapiens
den Schimpansen in sich.

Keine Mail
ohne Affenschw@nz.
Weltweit tummeln sich
Klammeraffen im Netz.

Im Zoo schauen wir
den Akrobaten gespannt zu
und sehen,
wie sie über uns lachen.

Adam
mit dem Affenschwänzle,
seine bessere Hälfte
mit Holz vor der Hütte.

Und Gott sah,
dass es gut war.

Wenn der Mensch
vom Affen abstammt,
bin ich froh,
dass ich ein Schwein bin.

Aufrichtig

Wer vorankommen will,
muss kriechen.

Wer aufsteigen will,
muss sich ducken.

Wer das nicht will,
bleibt aufrecht.

*Charakter hat der Mensch,
der sich nicht verbiegen lässt,
sich treu bleibt.*

Kein Mensch passt in eine Schublade.

Auch wenn uns das nicht passt.

Jeder weiß,
wie viel Uhr es ist.
Wie spät es ist,
weiß keiner.

Lieber eine Schraube locker als ein Rad ab.
Besser nicht ganz dicht als inkontinent.
Lieber Rosinen im Kopf als eine Meise.
Auch Pfarrer haben einen Vogel.
Manche halten ihn für den Heiligen Geist.

Ab und zu, hier und dort
fällt ein Stückchen Himmel
auf die Erde –
dir in den Schoß.

Angeln am Wörtersee

Ich angele gern am Wörtersee. Da beißt immer wieder eines an, ein Wort, schon tausendmal gesprochen, spricht mich plötzlich an, als hörte ich es zum ersten Mal. *Ur-sprung* springt mich richtig an, Springtime, Knospen springen auf, fangen an zu blühen. Der Frühling hilft uns auf die Sprünge – zum Ursprung zurück, zum Urgrund unseres Seins.

Manches Wort ist aalglatt, glitschig. Es entgleitet, entzieht sich dem Zugriff. Meint *Eingriff* ein Eingreifen oder einen chirurgischen Eingriff oder den umständlichen Eingriff in die Unterhose? Eingrifflose Slips, meiner Frau hat's gefallen. Meine Frau ist nicht mehr, und sie war noch nie mein. Und dein *Ex* ist auch nicht dein Ex. Denn wenn dein Ex immer noch deiner wäre, wäre er auch nicht dein Ex.

Die besitzanzeigenden Worte sind wahre Unworte. Unsere Kinder sind nicht unsere Kinder. Mein Leben ist nicht mein, es meint nur die mir gestundete Zeit. Alles nur geliehen. Mein Geld. Mein Besitz. Mein Glück. Mein Grab gehört auch nicht mir. Ich darf es nur für eine bestimmte Zeit benutzen und dafür müssen meine Kinder die sündhafte teure Miete bezahlen. Zwar kann ich meine Grabstelle schon im Voraus kaufen, aber dann muss ich bei lebendigem Leibe schon die Liegegebühr blechen. *Ich bin doch nicht blöd.* Ohne, dass ich es merke, habe ich wieder einen Werbespruch an der Angel. Ich werfe ihn wieder zurück ins Wasser. Es dauert nicht lange, da taucht *Prostagutt forte* auf: *Weniger müssen müssen.* Ich will gar nichts mehr müssen. Endlich frei sein, befreit von diesem ganzen Werbe-Müll. Mit einem Mühlstein würde ich ihn am liebsten auf den tiefsten Meeresgrund versenken.

Worte sind wie Menschen, sie möchten ernst genommen, beim Wort genommen werden. *Enttäuschung* – am Ende der Täuschung. Es gibt auch eindeutig zweideutige Wörter, die meist etwas Zwielichtiges haben. Und auch so ein eindeutiges Wort wie *Kondom* hört sich im katholischen Kontext ganz anders an: Kondom ist die Konkathedrale des Bischofs. Aber auch so ein harmloses Wort wie *Blinker* hat zwei

Bedeutungen: Das Blinklicht am Auto und der Köder beim Fischen. An der Angel hängt ein dicker Hund: *Anti-Aging.* Dieses Wahnsinnswort möchte uns glauben lassen, dass wir nicht daran glauben müssen. Hochwertige Cremes und Salben: die Leute wollen angeschmiert werden. Straffen. Kneten. Streichen. Kneifen. Pressen. Massieren. Glätten: Der weite Weg zur glatten Haut.

Ein glattes Wort ist *Leichenschmaus.* Es hat einen bitteren Beigeschmack, aber den Erben schmeckt´s. Nicht nur nach einer Beerdigung, auch bei einer Geburtstagsfete oder Hochzeitsfeier schmausen die Gäste genüsslich große Portionen „Leichen".
Längst nicht jedem schmeckt die Wurst ohne Fleisch und das Veggie-Schnitzel. Die Fleischerlobby ist außer sich: Was drauf steht muss auch drin sein. Das ist in Genderzeiten gar nicht einfach. Nicht wenige, die sich als Frau fühlen, stecken in einem Männer-Körper. Und umgekehrt.

Ich stehe am Ufer des Wörtersees und denke an „die vom anderen Ufer". In ihren Augen bin ich einer vom anderen Ufer. Verkehrte Welt. Verkehrtherum.
Seitenverkehrt. Keine Seite ist verkehrt, wenn wir liebevoll miteinander verkehren.
Beim Angeln kommen mir die Angeln an der Tür in den Sinn. Zwischen Tür und Angel erscheint uns zuweilen ein Engel, ein angel. Der englische Gruß:
„Fürchte dich nicht!" Aber der Fisch fürchtet sich sehr wohl vor den Spitzen des Angelhakens. Der Glaube hat auch einen spitzen Haken, er spitzt die Frage zu, wie Gott all das Leid zulassen kann. Die Antwort hakt, der Haken hängt am Kreuz. Wir können das „Warum" nicht abhaken. Es schreit zum Himmel, wie das Schlachtvieh, das an den Fleischhaken hängt. Und wir hängen am Fleisch. Das hängt Vegetariern zum Hals heraus. Veganer essen auch keinen Fisch. Aber sie angeln: Fishing for compliments.

Entwicklung

Als Babys wurden wir
in Windeln gewickelt.

Mit den Jahren haben wir
uns langsam entwickelt.

Es soll Leute geben,
die sind schief gewickelt.

Ungewollt ist jeder von uns
in krumme Sachen verwickelt.

Gegen Ende unseres Lebens
werden wir wieder gewickelt.

So wickelt das Leben
uns um den Finger.

*Arm und Reich machen in die gleichen Windeln
und keiner gibt noch an, dass er mehr hat als der andere.*

Was wir im Leben schon alles
hinter uns gebracht haben,
lässt uns zuversichtlich angehen,
was noch vor uns liegt.

Rückwirkend

Dein Lächeln
strahlt auf dich zurück.

Deine gute Tat
kehrt zu dir zurück.

Was du gibst,
bekommst du zurück –
vielfach.

*Menschen mit leeren Händen
haben mir am meisten gegeben.*

Freude macht keinen Lärm.

Still und leise lacht das Herz.

Zur goldenen Hochzeit

50 Jahre = 7 x 7 + 1
Viele schaffen nicht einmal 7 Jahre.
Ein Jahr hat zwölf Monate,
365 Tage, eine Menge Ehealltag.

Und zwei Menschen
sind ein Haufen Leute.
Ihr habt Wort gehalten,
Euer Ja durchgehalten.

Ein halbes Jahrhundert
wart ihr einfach füreinander da.
Ihr beide wisst,
was ihr aneinander habt.

Eine goldene Hochzeit
ist der Gipfel der Toleranz:
ich liebe dich,
so wie du bist.

Nein, Liebe macht nicht blind,
sie sieht auch nach Jahrzehnten
noch den Schatz,
der im andern verborgen ist.

Ihr zwei macht Mut
und zeigt, wie schön es ist,
zusammen alt zu werden
und sich ein Leben lang zu lieben.

Meine Frau hat es mehr
als einundfünfzig Jahre
mit mir ausgehalten.
Ich nenne es Liebe.

Kernig

Der Kernspintomograph untersucht mich,
findet meinen Kern aber nicht.

Der Röntgenapparat durchleuchtet mich,
sieht mein Wesen aber nicht.

Die Herzmaschine erhält mich am Leben,
fühlt meine Liebe aber nicht.

Der Arzt behandelt mich,
berührt mich aber nicht.
Er schaut nur auf seinen PC
und bewertet meine Werte.

Gesund bleiben.
Bleiben wir gesund,
sterben wir gesund.

Wer glaubt, zweifelt,
verzweifelt aber nicht.
Er sieht in dunkler Nacht
das Licht leuchten.

Bescheide dich mit dem,
was dir beschieden wurde.
Du hast so viel,
dass nicht wenige dich beneiden.

Gib dich so,

wie du bist.

dann bist du

echt gut.

Wir Menschen
sind wie Bäume.
Wir brauchen Wurzeln,
die uns tragen.

Urteile nicht so schnell,
dann brauchst du nicht so lange,
um dein voreiliges Urteil zu ändern.

Wir sind solange auf der Suche,

bis unsere Sehnsucht

ein Zuhause hat.

Heute denke ich morgen.
Morgen denke ich später.
Später weiß ich damals
hätte ich ...

Geld, Fahrschein, Kaffee ...
Der Automat gibt mir alles.
Automatisch fehlt mir etwas:
Der Mensch.

Es ist die Begegnung,
die unser Leben bereichert.
Im anderen
begegnen wir uns selbst.

Logisch

Heute ist alles bio. Logisch.
Der Bio-Frisör
wäscht dir natürlich den Kopf
mit Naturshampoo und schneidet
dir Haar und Bart bio -
logisch nach dem Mondkalender.

Der Mond hat eine Rückseite,
die wir nicht sehen. Logisch.
Unsere eigene dunkle Seite
bleibt anderen auch verborgen.
Besonders Bartträger haben
angeblich einiges zu verbergen.

Terroristen müssen Männer
mit Bärten sein. Logisch.
Frauen stehen laut einer Studie
auf Lover mit Stoppeln.
Logisch sagt das viel
über ihre Persönlichkeit aus.

Viele Mannsbilder laufen
lieber mit Glatze
als mit Haarwuchs herum.
Logisch zeigen sie sich
uns nicht ganz nackt
und geben sich keine Blöße.

Drei Haare auf dem Kopf sind wenig.
Drei Haare in der Suppe sind viel.
Viel und wenig sind gleich viel.
Logisch. Eine haarige Sache.

Nichtsdestotrotz

Humor:
wenn man trotzdem lacht,
trotz seiner selbst.

Galgenhumor:
Unter der Guillotine
ein Witz zum Totlachen.

Schwarzer Humor:
Über den Tod
Tränen lachen.

Trockener Humor:
Traurige zum Lachen bringen,
damit sie nicht austrocknen.

Höherer Humor:
Auch in der Hölle
trifft man Leute,
die man kennt.

Gefangen – drinnen und draußen

Wenn ich auf mein Leben zurückschaue, sehe ich, dass ich schon einen langen Weg zurückgelegt habe. Ich komme von weit her. Eine Wegstrecke, die mich besonders stark geprägt hat, waren die 16 Jahre, in denen ich jeden Tag zum Gefängniskrankenhaus auf dem Hohenasperg hochgelaufen bin, hinauf zum Tränenberg. Ja, es ist zum Heulen, was sich hinter der Mauer alles verbirgt, was sich da hinter Schloss und Riegel alles abspielt.

Bei den Eingeschlossenen-Ausgeschlossenen habe ich das Leben von unten gesehen. Und von unten siehst du mehr als von oben. Im Krankenbett siehst du mehr als in der Hängematte. Am Rollator, im Rollstuhl mehr als im Rolls Royce.

Durch die Begegnung mit den Gefangenen habe ich gelernt zu beten wie die Indianer: Großer Geist hilf mir, dass ich keinen richte, ehe ich nicht einen halben Mond lang in seinen Mokassins gegangen wäre. Hätte ich auch nur 14 Tage in den Schuhen der anderen gesteckt, wer weiß, ob ich dann nicht auch gestrauchelt, gefallen, straffällig geworden wäre.

Um zu Menschen hinter der Mauer zu gehen, musste ich morgens kein Opfer bringen. Ich bin gerne zu den Gefangenen hingegangen. Denn ich hatte das Gefühl: Dort gehöre ich hin. Das ist mein Platz im Leben. Ja, es hat mich zu den Menschen hingezogen, die andere abstoßen. Ich habe mich wohl gefühlt unter Kriminellen. Das mag kein gutes Licht auf mich werfen, aber ich trage auch den dunklen Bruder in mir und habe ein paar Leichen im Keller. Im Gefängnis treffe ich Menschen, die das getan haben, was auch in mir schlummert. Nein, ich hätte keinen Banküberfall machen können. Dazu hätte ich viel zu viel Angst. Aufgrund meiner Sozialisation und Erziehung sind bei mir Sicherungen und Bremsen eingebaut, die mich daran hindern, mein kriminelles Ich auszuleben. In manchem Straftäter begegne ich meinem nicht-gelebten Leben. Und das kann durchaus anziehend sein. Es hat auch etwas Faszinierendes in die tiefsten Abgründe zu schauen und zu sehen, wozu wir Menschen alles fähig sind.

Vielleicht hat das Gefängnis mich auch so angezogen, weil ich selbst in einem Käfig sitze. Bin ich vielleicht zu den Inhaftierten gegangen, um aus meiner eigenen Zelle herauszukommen? Nein, es waren sicher nicht nur edle Motive, die mich dazu bewogen haben, zu den Eingeschlossenen zu gehen.

Möglicherweise bin ich auch ins Gefängnis gegangen, um meine Schuldgefühle abzutragen. Ich fühle mich den Pechvögeln gegenüber schuldig, die in der Lebenslotterie nicht so viel Glück hatten wie ich. Es ist nicht mein Verdienst, dass ich ein so gutes Los gezogen habe. Indem ich Straffälligen helfe, hoffe ich – vielleicht unbewusst – mich von der Last des unverdienten Glücks zu entlasten.

Ein wichtiger Beweggrund, die Inhaftierten in ihren Zellen aufzusuchen, war für mich sicher auch Jesus. So wie der Freund der Sünder wollte auch ich unvoreingenommen auf die Gefangenen zugehen, ohne Berührungsangst, und ohne die Absicht, sie bekehren zu wollen. Ich selbst bin durch die sogenannten Gottlosen Jesus nähergekommen als durch mein Theologiestudium. Bei meinen Zellenbesuchen habe ich Jesus sagen hören: „Ich war gefangen und du bist zu mir gekommen." (Mt 25,36)

Als ich aus dem Knast draußen war, habe ich gesehen, dass nicht wenige Menschen in Freiheit hinter unsichtbaren Mauern leben. Ihr Gefängnis ist gebaut aus Steinen der Angst, Angst, dass „es" herauskommt, Angst vor dem Zeigefinger der Nachbarn, Angst vor dem Gerede der Leute. Hinter unsichtbaren Gittern sind auch viele junge Menschen in ihrer Sucht gefangen. Rund um die Uhr sind die auf der Jagd nach dem Stoff, aus dem die Träume sind. Sie sehnen sich nach dem Paradies. Um high zu sein, müssen sie sich selbst jedes Mal wehtun. Manche müssen sich stundenlang in die Venen stechen, brauchen zehn bis zwanzig Nadeln, bis sie endlich treffen. Die Droge, die das Leben erträglich machen soll – zerstört es gleichzeitig. Jeder Süchtige möchte aus seinem Gefängnis ausbrechen. Sie machen eine oder mehrere Therapien. Es gibt viel zu wenig Therapieplätze, so dass manche Drogensüchtige sterben, während sie noch auf der Warteliste stehen. Nicht wenige sind eine Zeitlang clean, aber irgendwann werden sie doch wieder rückfällig. Es ist die Gier, die Abhängige in ihren Fängen hält.

Viele drogensüchtige Frauen sind in einem elenden Kreislauf gefangen. Notgedrungen gehen sie auf den Strich, um sich das nötige Geld für den Stoff zu beschaffen. Viele machen „es" billig – erst recht, wenn sie auf Entzug sind.

Zu den unsichtbaren Gefangenen gehören auch psychisch Kranke, die unter schweren Depressionen leiden. Sie werden von negativen Gedanken überschwemmt, sehen alles durch eine dunkle Brille. Sie trauen sich nicht aus dem Haus, weil die Leute ihnen Angst machen.

Jede Krankheit kann ein Kerker sein. Wie viele Frauen und Männer liegen da, ans Bett angebunden, eingeschlossen in ihrem kranken Körper!?

Andere sind in ihren Schuldgefühlen eingesperrt. Viele Eltern fühlen sich schuldig, dass ihr Kind auf die schiefe Bahn gekommen ist. Und auch nach einem Suizid bleiben bei den Angehörigen vielfach quälende Schuldgefühle zurück. Die gefühlte Schuld ist wie ein inneres Gefängnis, aus dem der Ausbruch nur schwer gelingt. Viele Hinterbliebene sind in ihrer Trauer gefangen. Sie kommen nicht aus ihrer Traurigkeit heraus, können sich nicht mehr freuen. Und immer die Selbstvorwürfe, die den Rucksack der Trauer nur noch schwerer machen. In der Begleitung von Trauernden fühle ich mich oft noch als Gefangenenseelsorger.

Mir ist allmählich klar geworden, dass Gefangensein ein Bild ist für unser aller Leben. Wir mauern uns selbst ein, schließen uns selbst ein. Und noch ein Sicherheitsschloss und noch eine Alarmanlage und noch ein Warnsystem. Unsere Zellen sind schön tapeziert, wir haben Bier und Wein im Kühlschrank und dürfen sogar im eigenen Auto unsere Runden drehen. Wie weit wir auch fahren, fliegen, fliehen, wir nehmen unser Gefängnis überall mit. Hinter Gittern sehen wir uns an. Wir können nicht aus unserer Haut, nicht ausbrechen aus unserem Ich. Unser Unvermögen hält uns ganz gefangen. Wir können nicht so, wie wir wollen. Pflichtgefühl und Moral engen uns ein. Wir sind eingeengt durch unsere Rollen, eingezwängt durch Zwänge und Verpflichtungen. Wir stoßen auf unsichtbare Mauern und Gitter. Ob wir deshalb so viel von Freiheit reden? Ja, wir sind frei, Ja zu sagen oder Nein.

Es gibt Augenblicke
die sind so schön,
dass sie dich begleiten
ein Leben lang.

Ein guter Mensch
hat ein großes Herz,
hundert helfende Hände,
aber keinen einzigen Zeigefinger.

Da unten auf dem Boden

Eine halbe Stunde Betteln
und schon weißt du,
wie erniedrigend das ist.

Eine Viertelstunde Betteln
und schon verstehst du:
Geben ist seliger als nehmen.

Fünf Minuten Betteln
und schon begreifst du,
wie reich du bist.

Von unten siehst du,
was du von oben
übersiehst.

Wer die Schuld bei anderen sucht,
findet sie.
Wer die Schuld bei sich sucht,
findet sie bei anderen.

Durch und durch

Durchdacht
durch Wenn und Aber
hindurch.

Durchwachsen
durch Freud und Leid
hindurch.

Durchlebt
durch Höhen und Tiefen
hindurch.

Durchlitten
durch Mark und Bein
hindurch.

Durch das Durch
werden wir durch und durch
Mensch.

*Vor kurzem hatte ich so einen starken Durchfall, der ging durch und durch.
Da stehst du auf dem Gottesacker, sollst die Trauernden trösten und hast
die Hosen voll, dass es jeden Augenblick los gehen kann und dann, ja und
dann, dann blitzschnell zwischen den Gräbern. Ich scheiße auf alles – was
durchaus in ist.*

Das sagt man nicht

Scheiße sagt man nicht.
Shit klingt milder,
nicht so beschissen.

Bullshit heißt es heute,
um nicht zu sagen:
Bullenscheiße.

Die meisten von uns
essen gern Fleisch.
Tote Tiere sagt man nicht.

Biosprit ist auch so ein Wort,
um nicht zu sagen:
Nahrungsmittel im Tank.

Wir trinken viel
zu viel Alkohol.
Saufen sagt man nicht.

Ich leide an Gicht,
um nicht zu sagen:
Ich bin verkalkt.

Meine Kollegin ist
keine Intelligenz-Bestie.
Blöd sagt man nicht.

Pamperhöschen,
um nicht zu sagen:
Scheiß-Windeln.

Scheiße schönreden,
beschönigen, beschwichtigen.
Euphemismus sagt man nicht.

Ich habe eine klare Meinung,
um nicht zu sagen:
Ich bin ganz meiner Meinung.

Ohne mein Gläschen

fehlt mir etwas

Alkohol.

Es trifft immer die anderen.
Die anderen denken das auch.
Das ist unser aller Denkfehler.

Die meisten Menschen
brauchen sich nicht zu ändern.
Sie sind schon so,
wie sie die anderen haben möchten.

Des Pudels Kern

Dass mir mein Hund das Liebste sei,
sagst du, oh Mensch, sei Sünde,
mein Hund ist mir im Sturme treu,
der Mensch nicht mal im Winde.
Franz von Assisi

Enttäuscht, einsam, verlassen.
Viele Frauen und Männer
sind vom Menschen
auf den Hund gekommen.

Beim Gassi gehen
beschnüffeln sich Hunde.
Ihre Halter beschnuppern sich,
finden Gefallen aneinander.

Herrchen und Dämchen
bandeln miteinander an,
sind vom Hund
auf den Menschen gekommen.

Nur ein bisschen da sein

Ich denke immer noch an Miri. Sie war 13, aidskrank, blind. Ich habe sie oft besucht und jedes Mal gefragt: „Miri, soll ich dir etwas erzählen oder vorlesen?" Und jedes Mal hat sie ihre Hand ausgestreckt und gesagt: „Hm, hm, hm, nur ein bisschen da sein."

An einem Sonntagnachmittag ging es Miri im Krankenhaus ganz schlecht. Sie haderte mit Gott und der Welt und schrie immer wieder: „Ich will nicht mehr, ich will nicht mehr. Warum halten die Ärzte mich weiterhin in meinem kranken Körper gefangen?" Ich saß still an ihrem Bett und wusste nicht was sagen. Mit der Zeit ist Miri allmählich ruhiger geworden. Und als ich mich nach ein paar Stunden von ihr verabschiedete, richtete Miri sich auf, umarmte mich und sagte: „Petrus, du hast mir heute so viel geholfen." Das beschämte mich, denn ich hatte nichts getan. Ich war nur bei ihr geblieben. Nur ein bisschen da sein. Dableiben, auch wenn du am liebsten davonlaufen möchtest. Wir mögen uns in mancher Situation noch so sehr als hilflose Helfer fühlen, wir helfen Menschen in Not, indem wir einfach für sie da sind. Gerade dann, wenn wir nichts machen können, können wir die Ohnmacht mit dem anderen teilen – und das ist das Größte, was wir für diesen Menschen tun können.

Einfach leben,
einfach nur da sein,
für die Menschen,
die dich vielfach
brauchen.

Was du brauchst

Du brauchst Menschen,
die dich ansprechen,
dich anlächeln.

Du brauchst Menschen,
die dir gut zureden,
dir zusagen.

Du brauchst Menschen,
die sich dir zuwenden,
dir zuneigen.

Du brauchst Menschen,
die zu dir halten,
dich halten.

Du brauchst Menschen,
und manche brauchen
dich.

Wer, wenn nicht du?
Wann, wenn nicht jetzt?

Hautnah

Eine Mutter bringt ihr Kind abends ins Bett. Nach dem Abendgebet sagt sie zu ihrem Kind: „Hab keine Angst. Gott ist bei dir, er ist dir ganz nahe." Später kommt das Kind zu seiner Mutter gerannt, kuschelt sich ganz nahe an sie und sagt: „Ich weiß schon, dass Gott in meinem Zimmer ist, aber ich brauche etwas mit Haut drum rum."

Auch wir Erwachsene brauchen etwas mit Haut drum rum. Wie sehr hat uns in der Coronazeit der Hautkontakt gefehlt! Auf Abstand können wir nicht leben. Auf Distanz ist menschliche Begegnung nicht möglich. Mit den Ellenbogen können wir uns nicht begrüßen. Wir möchten einander auch körperlich spüren. Wir sind nicht nur geistige Wesen, sondern Menschen aus Fleisch und Blut. Wir brauchen Körperkontakt, menschliche Nähe. Wir leben davon, dass andere uns drücken, uns umarmen, uns spüren lassen, dass sie uns mögen.

Wir brauchen Menschen, die uns hautnah sind. Die Haut ist nicht nur das größte Organ, es ist auch das Organ der Seele. Und darum tut Hautkontakt uns so gut an Leib und Seele. Über die Haut erfahren wir, dass wir geliebt sind. Nackt liegen wir uns in den Armen, lieben uns ohne Verkleidung.

Hautkontakt. Körperliche Berührung. Im Umgang mit den „Unberührbaren", den Aidskranken habe ich erfahren, wie gut es ihnen tut, einfach die Hand eines Menschen zu spüren, ohne Gummihandschuhe.

Viele Kranke und Alte strecken die Hand aus, hungern nach Hautkontakt, betteln geradezu um menschliche Nähe. Sie klammern sich fest an der Hand, lassen sie nicht mehr los.

Der Drang nach Köperkontakt ist bei manchen so stark, dass sie sich selbst direkt aufdrängen. Als ich aus der S-Bahn aussteige, stellt sich Peter, ein Fixer, mir mit ausgebreiteten Armen entgegen: „Mensch, Petrus, umarm mich doch!" Junkies sehen mit ihren Abszessen und eiternden Wunden oft ekelhaft aus, sie ekeln sich vor sich selbst. Es gibt so vieles, was sie von sich selbst abstößt: ihr Aussehen, ihre Sucht, ihr Versagen.

Körperliche Zuneigung braucht vor allem der Mensch, der das Gefühl hat: Mich mag ohnehin keiner. Eine Umarmung tut gerade den Frauen und Männern gut, die sich selbst nicht umarmen können, weil sie überall auf Ablehnung stoßen.

Auch psychisch Kranke haben oft ein starkes Bedürfnis nach körperlicher Berührung und Hautkontakt. Viele mögen es, wenn man ihnen beim Segnen die Hände auflegt oder ihnen ein Kreuz auf die Stirn zeichnet.

Nähe tut Not. Erst recht auf der letzten Strecke. Todkranke und Sterbende brauchen Menschen, die ihnen hautnah sind, ihre Hand halten, sie streicheln. Es ist schön, wenn ein Mensch an der Hand eines anderen in Frieden einschlafen kann.

Mit Fingerspitzengefühl.
Tasten lernen. Fühlen.
Wer fühlt, was er sieht,
tut, was er kann.

Ein wenig Sonne
und der Schnee schmilzt
Ein wenig Wärme
und das Eis bricht.
Ein wenig Güte
und Menschen tauen auf.

Ein kleines Licht

Im Kerzenschein
kannst du so sein, wie du bist –
mit deinem Schatten.

Deine dunklen Seiten
leuchtet die Kerze nicht aus.
Es ist ein mildes Licht.

Für deine Kerze
brauchst du nicht
der Größte zu sein.

Denn sie weiß:
Auch ein kleines Licht
vertreibt das Dunkel.

Meiner Kerze kann ich alles sagen.
Sie versteht mich.
Ein Gefangener an Heiligabend

Blicken

Mein schwieriger Kollege
hat ein weiches Herz.
Meine Schwiegermutter
ist eigentlich ganz nett.

Mein mürrischer Mann
kann ganz lustig sein.
Meine komische Nachbarin
tut mir gerne einen Gefallen.

Aber ich sehe es immer erst
auf den zweiten Blick
und bei so manchen
blicke ich es nie.

Man sieht nur mit dem Herzen gut.
Der kleine Prinz

Deine Schwächen machen
dich erst zu dem Menschen,
für den andere eine Schwäche haben.

Ein einziger Augenblick genügt
um unseren Blick auf das Leben
für immer zu verändern.
Ein Augen-Blick.

Auch unterwegs?

Unser Leben lang sind wir unterwegs. Schon vor unserer Geburt, als wir noch im Schoß unserer Mutter waren, hieß es: „Da ist etwas unterwegs." Heute möchten viele schon im Voraus wissen, ob es ein Junge oder ein Mädchen ist. Doch damit ist die Frage noch nicht beantwortet, wer da eigentlich unterwegs ist. Erst allmählich zeigt sich, was für ein Menschenkind da zu uns gekommen ist.

Als wir durch den engen Geburtskanal zur Welt kamen, haben wir zunächst einmal laut geschrien. Vielleicht haben wir damals schon geahnt, was da unterwegs noch alles auf uns zukommt. Hätten wir den Film unseres Lebens im Voraus sehen können, hätten wir wahrscheinlich noch lauter geschrien, noch heftiger protestiert. „Nein, ich spiele nicht mit. Ich gehe zurück!" Doch es gab kein Zurück. Ungefragt mussten wir den Weg ins Leben antreten. Unser aller Leben ist kein gemütlicher Spaziergang. Wir schleppen einiges mit uns mit: Beschwerden, Sorgen, Kummer, Probleme, Altlasten. Immer wieder merken wir, dass das Vergangene nicht vergangen ist. Obwohl manches schon so lange zurückliegt, können wir es nicht auf sich beruhen lassen. Es gibt Dinge, die gehen uns nach, die verfolgen uns - bis in unsere Träume hinein.

Wir machen uns Vorwürfe: Hätte ich nur nicht ... Wäre ich damals doch ... Wie konnte ich nur? Könnte ich doch noch einmal ... Solche Gedanken sind verständlich, aber sie bringen uns keinen Schritt weiter. Wir können manches noch so sehr bereuen, wir können es nicht ungeschehen machen. Wir können den Weg, den wir gegangen sind, nicht rückgängig machen. Wir können im Leben nur einen Weg gehen.

Vielleicht möchten wir noch einmal zwanzig sein — aber mit der Erfahrung, die wir heute haben. Aber erfahren werden wir erst durch das, was uns auf unserem Weg widerfährt. Unterwegs sehen wir so viele Wegweiser, so viele verschiedene Richtungen, welche ist richtig? Kein Weiser am Weg kann uns sagen, welchen Weg wir gehen sollen. Jeder muss für sich selbst herausfinden, dass er den Weg zu gehen hat, den nur er gehen kann. Welchen Weg wir auch gehen, worauf es ankommt, ist, dass wir unterwegs zu uns kommen, bei uns selbst ankommen. Der Weg ist das Ziel.

„Auch unterwegs?" – „Ja, aber ich gehe woanders hin." Woanders geht keiner hin. Wir gehen den Weg allen Fleisches. Tag für Tag. Schritt für Schritt. Gegen Ende werden unsere Schritte immer kleiner, bis wir den letzten großen Schritt tun und wir hinübergehen – ins Gelobte Land. Ist das kein frommer Wunsch?

Als wir noch im Mutterleib waren und wir im Voraus schon gewusst hätten, was bei der Geburt passiert, hätten wir gedacht, das überleben wir nicht. Die Hülle, die uns umschließt, reißt. Das Fruchtwasser, unser Lebenselement, fließt fort. Die Nabelschnur, die uns ernährt, wird abgetrennt. Aus der wohligen Wärme des Mutterschoßes wurden wir durch den würgend engen Kanal hinausgezwängt kopfüber in die kalte Welt. Und dennoch war die Geburt der Weg ins eigentliche Leben.

Der Tod scheint ebenfalls das Ende allen Lebens zu sein, wenn wir ihn nur aus der irdisch-biologischen Perspektive betrachten. Wer sagt denn, dass wir im Tod nicht neu geboren werden, um den Weg ins wahre Leben anzutreten?

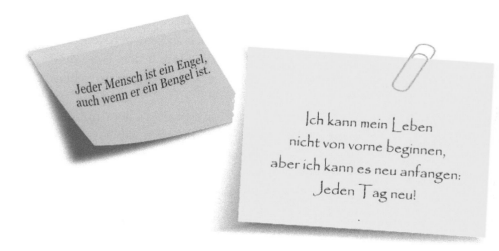

Jeder Mensch ist ein Engel,
auch wenn er ein Bengel ist.

Ich kann mein Leben
nicht von vorne beginnen,
aber ich kann es neu anfangen:
Jeden Tag neu!

Macht und Ohnmacht

Theologisch betrachtet

Wenn ich das Glaubensbekenntnis bete, gerate ich ins Stammeln. Nicht erst bei dem Satz: Ich glaube an die heilige katholische Kirche. Gleich am Anfang schon komme ich in Schwierigkeiten. Ich glaube an Gott, den Vater, den Allmächtigen. Den All-mächtigen? Ich bringe ihn nur schwer über die Lippen. Ich werde sprachlos, wie beim Lied: „Großer Gott wir loben Dich!" Und: „Lobe den Herrn, den mächtigen König ...". Auch wenn viele Gefangene diese Lieder gerne singen, sich freisingen, fällt es mir schwer in den Lobpreis mit einzustimmen Mir bleibt manchmal die Stimme weg, ich kann meine innere Stimme nicht einfach überstimmen. Ich kann die Zwischenrufe in mir nicht überhören: Wo ist er denn, der Herr, der alles so mächtig regieret? Unsere Welt wird doch von ganz anderen Mächten beherrscht. Für den Herrn der Heerscharen ist kein Platz am Verhandlungstisch bei der Abrüstungskonferenz der Supermächte. Der Allmächtige kann auch nichts dagegen tun, dass die Kirchen immer leerer werden. Der Mensch hat sich selbst auf den Altar gesetzt und betet an, was er alles kann. Er braucht keinen Gott mehr und möchte keine Zeit mit ihm verlieren.

Tröster vom Dienst

Albert Camus schildert am Ende der Erzählung „Der Fremde" die letzte Stunde eines zum Tod Verurteilten. Ein Priester sucht ihn auf und redet zu ihm von Gott. Der Geistliche redet und redet, vom Sterben, von der Hoffnung, von der Sünde. „Er wollte wieder von Gott sprechen, aber ich ging auf ihn zu und versuchte, ihm ein letztes Mal klarzumachen, dass ich nur noch wenig Zeit hätte. Die wollte ich nicht mit Gott vertrödeln."

Gott ist überflüssig – wie der Pfarrer in der Anstalt – meinen manche. Man lässt den „Tröster vom Dienst" gewähren, so lange er den Betrieb nicht stört. Man lässt den „Pater Batavia" seinen Tabak verteilen. Und man überlässt dem Himmelskomiker sonntags einen Raum, wo er vom lieben Gott erzählen kann und wo er den Gefangenen die frohe Botschaft verkünden darf, dass sie frei sein sollen. Dort kann er auch Lob- und Danklieder anstimmen. Und während er mit der Gemeinde das „Großer Gott wir loben Dich" singt, schreit ein Gefangener aus dem Fenster: „Oh Gott!" Er schreit den Allmächtigen an: „Oh Gott! Hilfe! Starker Helfer in der Not?!"

Gott, der nichts tut

Es schreit zum Himmel, Gottes Allmacht zu besingen in einem Haus, in dem Menschen Menschen ohnmächtig ausgeliefert sind. Wäre es nicht ehrlicher zu schweigen? Nicht nur im Knast, sondern überhaupt? Hat Dorothee Sölle nicht Recht, dass man nach Auschwitz keine Loblieder mehr singen kann? Auschwitz: An der Rampe standen Menschen und haben selektiert, haben Kinder in den Tod geschickt. Wo war Gott? Er schwieg. Warum griff er nicht ein? Wollte er nicht oder konnte er nicht? Wenn er aber nicht eingreifen wollte, wollte er dann den Tod der Unschuldigen? Wenn er nicht eingreifen konnte, wie kann er dann allmächtig sein? Hans Jonas, der 1987 den Friedenspreis des Deutschen Buchhandels erhielt, ist entschieden davon überzeugt, dass Gott in Auschwitz nicht eingriff, nicht, weil er nicht wollte, sondern weil er nicht konnte. Für ihn ist Gott nicht allmächtig, weil das Böse nicht zu vereinbaren ist mit der Güte Gottes. Ein Gott, der zugleich absolut gut und allmächtig ist, aber nichts tut gegen das perfekte Gelingen des gewollten Bösen ist für den gläubigen Juden Hans Jonas total unverständlich.

Göttliche Vorsehung?

Wir verstehen das Böse als Preis der Freiheit. Der Mensch hat einen freien Willen, der auch von der Allmacht Gottes nicht angetastet wird. Dennoch bleibt die Frage, wie Gott so etwas wie Auschwitz geschehen lassen konnte. Wie konnte Gott so etwas geschehen lassen? Das fragt auch der Gefangene, der von seiner Frau betrogen wird und zuletzt keinen anderen Ausweg mehr sieht, als gemeinsam mit seinem dreijährigen Jungen aus dem Leben zu scheiden. Zuerst bringt er das schlafende Kind um, schneidet ihm die Halsschlagader durch und sticht auf das Kind ein, bis es tot ist. Anschließend schneidet er sich die Halsschlagader durch, liegt bewusstlos in einer Blutlache am Boden. Ausgerechnet an dem Abend kommt seine Frau früher heim als sonst, so dass der Mann in letzter Sekunde noch gerettet werden kann. Der Gefangene war lange Zeit in der Psychiatrie auf dem Hohenasperg bei Stuttgart, auf der Irrenstation. Er ist irre geworden an dem Allmächtigen, der nichts getan hat, um die Wahnsinnstat zu verhindern. Er sagt: Gott ist nicht nur allmächtig, sondern er ist doch auch allwissend, d.h. aufgrund seiner göttlichen Vorsehung hat er alles von vornherein gewusst. Er hat es geplant von Anfang an. Was ist das für ein Gott, der so grausam ist?! Was ist das für ein Gott, der mich mein Kind umbringen lässt und mich dann in letzter Sekunde noch „rettet", damit ich mein Leben lang an meiner Schuld zerbreche, zugrunde gehe?

Gegen die Wand rennen

Viele Gefangene können den lieben Gott nicht verstehen. Er geht ihnen nicht in den Kopf, sie klagen den Allmächtigen an und setzen ihn auf die Anklagebank und mit ihm oft auch uns, seine Stellvertreter. Ein Gefangener sagt: Wenn Gott schon nicht verhindern kann, dass jeden Tag Kinder verhungern, dann könnte er die Kinder doch wenigstens tot geboren werden lassen, um ihnen so das Leid zu ersparen. Ein anderer sagt: „Bei meiner Verhandlung habe ich oft auf das Kreuz im Gerichtssaal geschaut, aber ich habe gesehen, dass er mir auch nicht hilft." Hier hilft Dir kein Gott", sagt der im Bunker sitzende Gefangene, der mit seinen Nägeln die Wände abkratzt. „Auch Gott kann Dir nicht helfen", sagt ein Psychiater zu einem Gefangenen, der alles mit seinem Herrgott bespricht. In dem Psalm heißt es, dass ich mit meinem Gott Mauern überspringen kann. Aber jeden Tag lässt er mich auflaufen, anrennen gegen Mauern, und mein allmächtiger Gott kann auch nicht verhindern, dass die Gefängnismauern immer höher werden und dafür immer mehr Geld ausgegeben wird.

Allmächtiger schlägt mir auf den Magen

Als Gefangenenseelsorger bekomme ich meine Ohnmacht und die Übermacht des Allmächtigen oft besonders schmerzhaft zu spüren. Der allmächtige Gott schlägt mir manchmal auf den Magen. Ist er nicht doch eine Projektion? Ist der allmächtige Gott nicht nur ein Produkt unseres Wunschdenkens? Haben wir nicht vielleicht doch uns selbst einen Gott geschaffen nach unserem Bild? Dagegen kann man einwenden, warum sollen wir? Warum soll der Mensch sich einen Herrgott wünschen, dessen Allmacht den Menschen erdrückt und dem der Mensch ohnmächtig wie ein Kind ausgeliefert ist? Aber der Allmächtige bringt uns auch Vorteile. Wenn Gott der Herr der Geschichte ist, dann brauchen wir keine Angst zu haben, dass unser Leben von blinden Schicksalsmächten bestimmt wird. Er lenkt die Geschichte und wird zu guter Letzt alles wohl machen. Wenn Gott alles kann, dann kann er mich auch retten, wenn mir das Wasser bis zum Hals steht. Und dann kann er auch den Gefangenen retten, der sagt: Mir steht die Kacke bis zum Hals. Wenn Gott allmächtig ist, dann hat er auch die Macht über den Tod und dann brauche ich keine Angst zu haben, dass ich zum Tod verurteilt bin. Es lohnt sich also, an den allmächtigen Gott zu glauben. Ist dieser Glaube nur eine Projektion?

Gott, der Herr aller Herren?

Was sagt uns die Bibel? Am Anfang der Bibel stand ursprünglich nicht die Schöpfungsgeschichte, sondern der Auszug aus der Knechtschaft in Ägypten. Jahwe befreite die Hebräer von der Unterdrückung durch die ausländische Supermacht und führte sie durch die Wüste ins gelobte Land. Dort in Kanaan stießen sie auf alte Schöpfungsvorstellungen anderer Völker und mussten zu den Mythen ihrer Umwelt Stellung nehmen. Sie bekannten, dass dieser Gott, der sie rettend durch die Geschichte geführt hatte, auch der Schöpfer der Welt sei. Die Erfahrung, dass Gott machtvoll handelt, diese Erfahrung übertrugen sie auf den Schöpfer-Gott. Aber auch wenn der allmächtige Gott kein projizierter Wunsch, sondern eine übertragene Erfahrung ist, trotzdem kommt unser Glaube nicht ohne Projektion aus. Zwangsläufig enthält unser Reden von Gott eine Menge Projiziertes. Wir sollten aber wissen, dass unser Gottesbild nicht Gott selber ist.

Karl Rahner sagt: Gott sei Dank gibt es nicht, was 60 bis 80% der Zeitgenossen sich unter Gott vorstellen. Dass wir uns Gott allmächtig, voll Macht vorstellen, kommt nicht von ungefähr. Wir brauchen nur das Gesangbuch aufzuschlagen und schon steht er schwarz auf weiß vor uns: Gott der Herr aller Herren, der Sieger, der König, der starke Held, der Mächtige, der Allmächtige. Diese Bilder stammen vor allem aus dem Alten Testament. Dort ist er der Herr der Heerscharen, ein Kriegsgott. Im Buch der Richter z.B. kämpft er auf Seiten der unterdrückten Israeliten gegen die kanaanäischen Machthaber. Er bekämpft sie von den Sternen her, er lässt die Erde zittern und die Berge wanken, Er besiegt alle. Auch die bestens Bewaffneten haben keine Chance gegen ihn. Der allmächtige Gott ist nicht nur der Kriegsheld der jüdischen Nationalgeschichte, auch in der Kirchengeschichte hinterlässt er eine blutige Spur. Er ist der Anführer der christlichen Heerscharen bei den Kreuzzügen. Auch im gottlosen Krieg glaubt man den Allmächtigen auf seiner Seite zu haben.

Auf Seiten der Leidenden

Ein ganz anderes Bild Gottes erscheint uns in Jesus. Er macht die Güte und Menschenfreundlichkeit Gottes offenbar. Jesus verkündet nicht die Drohbotschaft eines allmächtigen Gottes, vor dem der Mensch Angst haben muss, sondern die Frohbotschaft des allgütigen Vaters, der seine Sonne aufgehen lässt über allen. Jesus lehnt es ab, die Menschen einzuteilen in Gute und Böse. Darum macht er nicht Halt vor der Mauer, die die Selbstgerechten aufgerichtet haben. Er reißt sie ein, er sprengt sie mit einem Satz: Liebe! Das hat ihm das Leben gekostet. Seine Hinrichtung war kein Justizirrtum, sondern die Quittung für sein Leben. Weil er sich entschieden auf die „falsche" Seite stellte, wurde er beseitigt von den Rechtgläubigen, die glaubten, sie hätten Gott auf ihrer Seite. Von Anfang an stand Jesus auf der Seite der Leidenden, der Ohnmächtigen. Er verzichtete auf seine Macht, freiwillig.

Geboren im Stall, gestorben am Kreuz. Keine glanzvolle Karriere. Keine Spur von Macht. Er war machtlos, obwohl Macht-Taten von ihm bezeugt sind, aber dabei ging es Jesus nicht um die Demonstration seiner Macht, sondern um die Herrschaft Gottes. Die kommt langsam wie ein Senfkorn und nicht mit einem Schlag, von Gottes Allmacht herbeigezaubert wie die Apokalyptiker glaubten. Die Herrschaft Gottes kommt durch die Liebe. Das ist die Macht auf die Jesus setzt. Er lehrt wie einer der Macht hat und nicht wie die Schriftgelehrten. Sie hatten die Autorität, sie zwangen den Menschen schwere Lasten auf: 248 Gebote und 365 Verbote der Thora. Jesus zwang keinem etwas auf, aber er bezwang die Menschen durch seine Güte. Die Pharisäer und Schriftgelehrten waren amtlich befugt über den Willen Gottes zu sprechen. Jesus dagegen war ein gewöhnlicher Laie. Aber er hatte viel zu sagen. Er sprach nicht nur über Gott und seinen Willen, er trat sogar auf mit dem Machtanspruch, den Willen Gottes zu erfüllen. Um Gottes Willen musste er den Kelch trinken. Er hat ihn nicht so souverän getrunken wie Sokrates den Giftbecher. Jesus war kein Halbgott, kein Übermensch. Er hatte Angst, er schwitzte Wasser und Blut vor seiner Verhaftung. Nachdem er gefoltert wurde, sagte er dem Militärgouverneur Pilatus: „Ja, ich bin ein König!" Gekrönt mit Dornen. Der König der Ohnmächtigen."

Nicht tot zu kriegen

Und als er dann am Kreuz hing und verhöhnt und verspottet wurde: „Wenn Du der Messias bist, dann steig doch herab!" da zeigte sich, dass er nicht der Messias war, den die Juden erwarteten. Wehrlos, hilflos, erschöpft, erstickte Jesus an einem Schandpfahl. Und wer an solchem Kreuz hing, der galt als verflucht. Auch Gott ließ ihn hängen. Ein Skandal. Gott zeigt offen seine Ohnmacht. Golgatha ist der Gipfel der Ohnmacht – und der Liebe. Jesus hat sich tot-geliebt. Das Kreuz ist die Krönung der ohnmächtigen Liebe. Die gekreuzigte Liebe ist eine gewaltige Macht, der Sieg der Ohnmacht. Der Gekreuzigte ist viel stärker als die Mächtigen, die ihn mit Gewalt ans Kreuz schlagen ließen. Bald zeigte sich, die Machthaber konnten ihn gar nicht töten. Er ist nicht tot, nicht totzukriegen. Auch die Worte, die er gesprochen hat, sind keine toten Buchstaben.

Seine eigene Macht nutzen

Wir sollten unsere Macht, unseren Einfluss dazu verwenden, die Schwachen zu schützen. Aber das ist leichter gesagt als getan. Einmal wurde ein Gefangener böse zusammengeschlagen. Er bat mich, dass er dem Arzt vorgeführt wird, um seine Verletzungen festzustellen. Der Arzt wollte nicht. Ich bestand darauf: Die Beamten haben mir das sehr übelgenommen, mich einen Nestbeschmutzer genannt. Ich würde ihnen in den Rücken fallen, nur weil ich diesem Schwachen zu seinem Recht verhelfen wollte. Sich schützend auf die Seite der Schwachen stellen, mit seinem Einfluss hinter den Geschlagenen stehen, dazu gehört Mut, das ist eine Zumutung. Leichter ist es, wegzuschauen, wenn ein Gefangener in den Bunker geschleppt wird. Auch wenn ich nicht helfen kann, allein schon mein Blick bewirkt in einer solchen Situation mehr als ich glaube. Allein schon meine Anwesenheit bewirkt, dass andere ein schlechtes Gewissen bekommen.

„Sie sind hier das schlechte Gewissen", sagte mir einmal ein Gefangener. Vielleicht möchte ich das nicht sein und fühle mich nicht wohl in dieser Rolle, aber ich glaube tatsächlich, dass wir so etwas wie das schlechte Gewissen in der Anstalt sind. Unterschätzen wir nicht, was wir vermögen. Wir führen einen Gefangenen aus. Dieser haut nicht ab. Das, was ihn an uns bindet, ist stärker als Fesseln.

Ich sehe das Kreuz auf dem Arm des Gefangenen, das eintätowiert ist – es geht ihm unter die Haut. Wenn ich auf das Kreuz schaue, kommt mir das Wort des Apostels Paulus in den Sinn: Die Mächte des Bösen mögen noch so mächtig sein. Schicksal und Zufall mögen noch so unerbittlich zuschlagen. Und auch der Tod kann noch so allmächtig sein. Nichts vermag uns zu trennen von der Liebe Gottes, die in Jesus Christus erschienen ist (Röm. 8,38-39). Ich schaue auf das Kreuz und ich sehe den Gekreuzigten dort, wo ich hoffe, eines Tages auch hinzukommen: Zu Gott, der nicht die Macht, sondern die Liebe ist.

Gott

Mit unseren Begriffen
können wir Gott nicht
in den Griff bekommen.

Er entzieht sich uns,
trotzdem zieht es uns
zu ihm hin.

Obwohl wir Gott
nicht fassen können,
berührt er uns.

Gott – der Inbegriff
für das unbegreifliche,
unfassbare Mysterium.

Glauben heißt nichts anderes,
als die Unbegreiflichkeit Gottes
ein Leben lang auszuhalten.
Karl Rahner

Was dich verwundet,
heilt dich auch.
Was dich zu Boden drückt,
hebt dich auf eine höhere Ebene.

Wer denkt, dankt,
wer weiter denkt,
hört nicht auf zu danken
und fängt an zu teilen.

Wir sind so alt wie wir uns fühlen.
Drum sind wir alle um einiges älter
als wir uns fühlen.

Heute ist kein Tag
wie jeder andere.
Der Tag heute ist
einmalig
wie jeder andere.

Mienenspiel, Wortspiel,
Gedankenspiel ...
Spielend leben lernen.
Vorspiel, Nachspiel,
Zwischenspiel ...
Spielend lieben lernen.

Denk nicht nur mit dem Kopf,
sondern auch mit dem Herzen.
Denk weise!

LEBEN rückwärts NEBEL.

Langsam blicke ich durch,

lese das Buch meines Lebens

von hinten nach vorne.

Einen Menschen anerkennen
fängt damit an,
dass ich seinen Namen kenne.

Wer Freud und Leid
mit anderen teilt,
halbiert ihr Leid
und verdoppelt ihre Freude.

Wissen, wann wir reden,
ist die Kunst des Schweigens.

Josef bringt es fertig

Josef, der Zimmermann aus Nazareth, soll durch ein Wunder der Ehegatte der Jungfrau Maria geworden sein, erzählt eine Legende. Man habe Stäbe für alle unverheirateten Männer aus dem Geschlecht Davids in den Tempel gebracht. Auf diese Weise sollte der von Gott vorbestimmte Mann für Maria gefunden werden. Nur der Stab Josefs sei zur Lilie erblüht.

Die Lilie gilt von alters her als Zeichen der Unschuld und Reinheit. Der keusche Josef, das Vorbild für die Männer in katholischen Gegenden. Dort gibt es unzählige Josefs-Kinder, auch wenn die Väter nicht alle reine Josefs sind: Franz-Josef, Ulrich-Josef, Josef-Karl, Jan-Josef, Josef-Maria …

Josef bedeutet: Gott möge vermehren. Weltweit werden es immer mehr: Jupp, Joop, Jo, Jos, Joe, Josl, Josel, José, Joschi, Joschka, Beppo, Beppi, Pepe, Pepi, Peppi, Giuseppe, Seppl, Sepperle, Seppli. Ein gewisser Sepp hat uns beigebracht, dass der Ball rund ist und ein Fußballspiel 90 Minuten dauert. Der Blatter Sepp schrieb auch Fußballgeschichte und hat eine Weste, die angeblich so rein ist wie Josefs Lilienblüte. Der Heilige Josef scheint auch seine Hand über „seine" Fußballtrainer zu halten: Pep Guardiola, Jupp Heynckes, José Mourinho.

Pepe heißt eigentlich auch Josef, der vermeintliche Vater Jesu, der pater putativus = pp = Pepe. Den gibt es in Süd-Spanien wie Sand am Meer. Ein Unikat war „unser" Pepe in der Strandbar: Dort stand er hinter der Theke und drehte sein Gebiss im Mund um. Ja, wer den heiligen Josef zum Schutzpatron hat, bringt so manches fertig. Die Josefsehe ist auch ein starkes Stück: die Ehepartner haben keinen Sex. Unvorstellbar in unserer übersexualisierten Welt. Und doch gibt es nicht wenige Paare, die wie Josef und Maria leben. Zu einer richtigen Josefsehe genügt allerdings keine zeitweilige oder vorübergehende sexuelle Enthaltsamkeit, sondern der dauerhafte Verzicht auf die Ausübung der ehelichen Pflichten. Eine solche „Engelehe" ist nach Lehre der katholischen Kirche ungültig, weil der Vollzug der Ehe fehlt, der Beischlaf.

Jef war mein Zahnarzt. Als ich 18 war, zog er mir unter Vollnarkose im Krankenhaus nicht weniger als sechs Zähne. Nach mehr als sechzig Jahren frage ich mich natürlich immer noch, ob das damals wirklich hat sein müssen. Wenn ich bedenke, was heute alles getan wird, um einen einzigen Zahn zu retten. Nachdem Jef mir in jungen Jahren gleich ein halbes Dutzend Zähne zog, frage ich mich, ob er statt Zahnarzt nicht besser Zimmermann geworden wäre.

Jef hieß auch der Kerl, der mir meine erste Freundin ausgespannt hat. Sie hieß Rosa. Zusammen saßen wir in der hintersten Reihe im Kino und haben nicht viel vom Film gesehen. Wir waren sechzehn, noch völlig unbedarft. Vielleicht war ich Rosa zu schüchtern. Oder ich habe sie allzu sehr gelangweilt, indem ich ihren Namen immer wieder auf Lateinisch deklinierte: rosa, rosa, rosae, rosae, rosam, rosa? Als ich dann mit meinem Latein am Ende war, ging Jef mit Rosa ins Kino.

Jupp brachte mir das Joggen bei, obwohl ich zu der Zeit keine hundert Meter laufen konnte. Zusammen sind wir unzählige Runden durch den Wald gejoggt. Da habe ich gespürt, wie schön es ist, laufend zu beten. Das Leben ist keine Laufbahn. Wir kommen ins Stolpern, Straucheln und fallen, fliegen auch mal auf die Nase. Aber so kommen wir weiter als wenn wir stehen bleiben würden. Jupp war ein Rheinländer wie es im Buche steht. Er hat geredet und geredet, mich oft in Grund und Boden geredet. Und als die Demenz dann immer weiter voranschritt, sagte er: „Ich habe keine Worte mehr." Ich bitte den Himmel, dass er diesen Kelch an mir vorüber gehen lässt. Ich halte es mit den Chinesen: Besser zwei Jahre zu früh als ein Jahr zu spät sterben.

Josef, mein onkologischer Homöopath, bringt mit seiner liebevollen Zuwendung die eigenen Heilkräfte zum Schwingen, holt die Seele aus den Kügelchen. Ein wahrer Menschenfreund, als sähe er in jedem Menschenkind ein Kind Gottes, empfangen vom Heiligen Geist ...

Josef, mein Knastpfarrerfreund, ist auch ein Wassermann, mit allen Wassern gewaschen. Ohne mit der Wimper zu zucken, drehte Hochwürden mir seinen alten Computer an. Trotzdem bin ich ihm immer noch dankbar, denn seitdem kann ich ohne Tippex meine Fehler mit einem einzigen Tastendruck löschen.
Wie schön, wenn das mit unseren anderen Fehlern auch so einfach ginge! Klick und weg sind sie. Und dann ist da noch die Schuld, in die wir verstrickt sind. Strukturelle Sünde: Wir leben auf Kosten der Armen, tragen zu ihrer Ausbeutung bei. Wir zerstören die Mutter Erde und lassen Gott nicht Gott sein. Die Geschichte von Adam und Eva mit dem angebissenen Apfel. Apple. Josef hat schon lange vor mir angebissen.

Josef Maria Reuss war Regens des Mainzers Priesterseminars. Als ich ihn dort 1965 zum ersten Mal traf, duzte ich ihn. Verdutzt schaute er mich an. Aber mit dem Herrgott bin ich doch auch per Du. Die Pillenenzyklika *Humanae vitae* konnte der Weihbischof nicht schlucken: Fortpflanzung als Hauptzweck der ehelichen Vereinigung. Ja, wenn es danach ginge, hätte es mich wohl auch nicht gegeben. Denn wer will schon ein Kind - mitten im Krieg?

Joseph, die ältere Schreibweise mit *ph* wirkt edel, ehrwürdig. Joseph Ratzinger, Papst Benedikt XVI. machte mir zu meinem 70. Geburtstag das schönste Geschenk: Er trat zurück. Seine Heiligkeit hing seine rosa Prada-Schühchen an den Nagel, aber nicht sein weißes Kleid. Das ist allerdings seit dem Missbrauchsskandal längst nicht mehr lilienrein. Papst und Bischöfe achteten bis vor kurzem nur darauf, dass die reine Weste der Kirche nicht befleckt, beschmutzt wird. Das unsägliche Leid der Opfer berührte sie nicht.

Josef war auch nicht ganz sauber. Als er wieder mal unterwegs war, kam er an einem Bauernhof vorbei und sah, dass die Tür offenstand.

Es dauerte nicht lange und die Geldbüchse mit vielen Scheinen war in seinen Händen. Da kam die Bäuerin herein und rief: „Was machen Sie denn hier!" Josef antwortete. "Ich habe gerade Ihr Geld gestohlen." Darauf die Frau: „Geben Sie das Geld wieder her!" Brav gab Josef die Büchse zurück und erklärte der Frau, dass er krank sei, sehr krank. Da trat der Bauer herein und fragte, was da los sei. Er wollte die Polizei rufen, aber seine Frau nahm Josef in Schutz, der so nett gewesen sei, die Geldbüchse wieder herzugeben, ohne etwas daraus genommen zu haben. Der Bauer war platt: „Das gibt´s doch nicht!"

Ob diese Geschichte stimmt oder nur eine seiner vielen Stories war, weiß ich nicht, genauso wenig, ob Josef Maria tatsächlich nicht berührt hat.

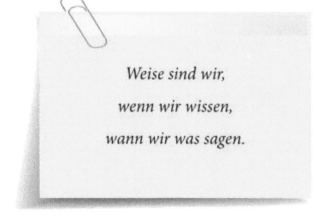

Weise sind wir,

wenn wir wissen,

wann wir was sagen.

Ich mag dich

Ich mag dich.
Gut, dass es dich gibt.
Wie schön, dass du da bist!
Das sagen wir nur selten,
verpacken es in ein Geschenk.

Und wie wir uns freuen,
wenn andere uns zeigen,
dass sie uns mögen,
so wie wir sind –
unverpackt.

Pack aus,
was der Himmel an Gaben
in dir angelegt hat.

Dein innerster Kern
macht dich zu dem,
was du bist:
eine Seele von Mensch.

Wahre Größe

Leg nicht jedes Wort
auf die Goldwaage.
Lass den Zeigefinger.

Reich deine Hand,
und räume den Streit
aus dem Weg.

Trage niemandem
etwas nach.
Lass es gut sein.

Sei nicht kleinlich
und zeige
deine wahre Größe.

Deine linke Hand soll nicht wissen,
was deine Rechte gibt.
Matthäus 6,3

Wenn andere uns nicht verzeihen,
wird das Leben schwer.
Wenn wir anderen nicht verzeihen,
wird das Sterben noch schwerer.

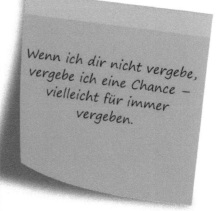

Wenn ich dir nicht vergebe,
vergebe ich eine Chance –
vielleicht für immer
vergeben.

Über uns

Rede ich gut über mich,
fühle ich mich nicht schlecht.

Rede ich schlecht über andere,
fühle ich mich besser.

Reden andere gut über mich,
fühle ich mich am besten.

So bin ich, so bist du.
So sind wir Menschen.

Sehe ich die anderen
mit ihren Augen,
sehe ich sie
mit anderen Augen.

Ich habe Menschen gern,
die mich mögen
und wer mich nicht mag,
kann mich gernhaben.

Nimm dich auf den Arm,
dann bist du vielleichter
und kannst deine schwere Last
federleicht fallen lassen.

Der Schnee von gestern
ist das Wasser von heute
und der Regenbogen von morgen.

Das Handy,
das ich in der Hand halte,
hat mich in der Hand.

Ob Krankheit oder Schicksalsschlag,
in jedem Leid steckt auch die Chance
des Wachstums und der Verwandlung.

Um voranzukommen
musst du nach vorne blicken.
Schaust du aber nicht zurück,
kommst du nicht weiter.

Vis-a-Vis

Steh morgens
mit dem rechten Bein auf.
Stell dich vor den Spiegel
und zwinkere dir zu.

Schaut dein Gegenüber
dich blöd an,
blinzelst du ihm
freundlich zu.

Reagiert dein Vis-a-vis
immer noch nicht richtig,
zeigst du ihm die Zähne
mit einem Lächeln.

Das machst du so lange,
bis dieser dir zulächelt
und dir deine schönste Seite
spiegelt.

*Lächeln ist die einfachste Art,
jemandem die Zähne zu zeigen.*

Gebetbuch

Morgens lesen wir
die vorformulierten Texte
und beten den ganzen Tag nach,
was die Zeitung uns vorschreibt.

Am nächsten Morgen
liegt ein neues Gebetbuch
auf unserem Tisch
und das alte im Papierkorb.

Eines Tages
verwenden wir
die Gebetbücher wieder
als Klopapier.

Die Klorolle,
ein dickes Dankgebet:
Guter Gott, ich danke dir,
dass ich loslassen kann.

Geradeaus geht es
oft gerade schief.
Gerade über
Umwege kommen
wir ans Ziel.

Hellhörig

Hören,
was der Mensch neben mir
von sich gibt.

Hinhören,
was andere mir mitteilen,
mit mir teilen möchten.

Heraushören,
was mein Gegenüber
bewegt, beschäftigt, belastet.

Horchen,
was meine innere Stimme
mir zu sagen hat.

Lauschen,
wie der Ewige hier und jetzt
mit mir redet.

Unerhört.

*Gott hat mir zwei Ohren gegeben
und nur eine Zunge.*

Ansehen

Wir möchten
gesehen werden
richtig wahrgenommen.

Wir leben davon,
dass andere uns ansehen,
uns Ansehen verleihen.

Es tut uns weh,
übersehen zu werden
als gäbe es uns nicht.

Und auch der Blick
von oben herab
verletzt.

Auf Augenhöhe
möchten wir uns
begegnen.

Einen Augenblick
uns in die Augen sehen -
von Mensch zu Mensch.

„3,40", sagt sie Verkäuferin. Der Mann reagiert nicht.
„Das macht 3,40". Keine Reaktion. „3,40", wiederholt sie etwas lauter.
Als der Mann immer noch nicht reagiert, schaut sie auf und blickt ihn an.
Daraufhin reicht er ihr lächelnd den Betrag.

Urteilt nicht

Selbst schuld. Das habe ich als Gefangenenseelsorger auf dem Hohenasperg immer wieder gehört. Und danach bekam ich immer wieder den Satz zu hören: „Die Aidskranken können einem schon leidtun, aber eigentlich sind die doch selbst schuld."

Wer an seinem Unglück selbst schuld ist, der hat eigentlich keine Hilfe verdient. Selbst schuld. Dieses Urteil ist leicht fertig, leicht sinnig. Ich kenne einige, die gnadenlos den Stab über „Solche" gebrochen haben, bis sie in der eigenen Familie selbst betroffen waren. Selbst schuld. Was maßen Menschen sich an, so hartherzig über andere zu urteilen!? Was wissen sie denn von dem Straftäter, der schwere Schuld auf sich geladen hat? Keiner wurde als Verbrecher geboren. Jede Straftat hat eine Vorgeschichte. Und die fängt bei den meisten schon in der Kindheit an.

Es geht nicht um Ent-schuldigung. Schließlich gibt es auch Menschen, die trotz schwerster Kindheit anständige Bürger geworden sind. Dennoch gibt es oft einen ursächlichen Zusammenhang zwischen Kriminalität und Biografie. Die meisten Gefangenen, die wegen Körperverletzung inhaftiert sind, wurden als Kind selbst geschlagen, verprügelt, misshandelt. Der Geschlagene wird zum Schläger. Nach dem Motto: „So wie andere mit mir umgegangen sind, gehe ich mit ihnen um." Wie du mir, so ich dir. Das ist nicht immer so, aber allzu oft werden Opfer zu Tätern. Das Leid, das sie in ihrer Kindheit durchlitten haben, fügen sie eines Tages anderen zu, unschuldigen Opfern. Wenn ich weiß, was manche als Kind durchgemacht haben, wundere ich mich nicht, dass sie gestrauchelt, gefallen, straffällig geworden sind. Wenn ich den Werdegang eines Menschen kenne, kann ich verstehen, warum dieser so geworden ist. Verstehen heißt nicht entschuldigen. Aber wer versteht, verurteilt nicht.

Viele Straftaten wurden durch andere mitverschuldet. Da ist es schwer, die Schuld des Täters zu messen. Wie groß ist die Schuld des

Schlägers, der von Kindesbeinen an gelernt hat, dass man sich nur mit den Fäusten durchsetzen kann?

Wie groß ist die Schuld der Frau, die ihren Mann mit der Bierflasche erschlug, als er wieder einmal besoffen auf dem Sofa lag? Zwanzig Jahre lang hat er sie geschlagen, drangsaliert und ihr sexuelle Gewalt angetan. Mit der Zeit hatte sich in ihr so viel Wut, Ohnmacht, Hass angestaut, dass sie in dem Moment vielleicht gar nicht anders konnte, als ihren Peiniger zu erschlagen. Das Gericht verurteilte die Frau zu sieben Jahren Haft. Ihre Schuld wird vorausgesetzt, obwohl sie eigentlich erst hätte bewiesen werden müssen. Das Strafrecht geht davon aus, dass die Täterin die Straftat aus freiem Entschluss gewählt hat. Sie hätte anders handeln können, wenn sie nur gewollt hätte. Schuld setzt Willensfreiheit voraus, das heißt: Jemand begeht eine Tat, obwohl er die Möglichkeit hat, es nicht zu tun. Natürlich wird niemand zu einer Straftat gezwungen, trotzdem kann von einer „freien Tat" nicht ohne weiteres die Rede sein. Manche sind so arm, dass sie aus Not Straftaten begehen. Der Hunger (der Familie) lässt ihnen kaum eine andere Wahl, als zu stehlen. Drogenabhängige können ihre Sucht nicht legal finanzieren, dazu ist der Stoff viel zu teuer. Zwangsläufig kommen sie mit dem Gesetz in Konflikt. Auch wenn jeder Mensch in Prinzip einen freien Willen hat, so ist dieser in vielen „Fällen" doch erheblich eingeschränkt. Deshalb ist die Schuld des Täters als Grundlage für die Strafzumessung oft ein sehr wackeliges Fundament. Seine Schuldanteile sind oft so eng mit der Mitschuld anderer verknüpft, dass sie nur schwer gemessen werden können.

Ich habe im Gefängnis gelernt, in der Schuldfrage sehr zurückhaltend zu sein. Denn ich weiß, wie leicht ein Mensch schuldig werden kann und wie schwer es unter Umständen ist, nicht schuldig zu werden. Ich fälle kein Urteil, auch nicht bei Tötungsdelikten. Das letzte Urteil über einen Menschen bleibt dem vorbehalten, der ganz anders urteilt – der Ganz-Andere. Seine Liebe gilt allen Menschen, bedingungslos, ohne Wenn und Aber. Egal was ein Mensch verbrochen hat, in Gottes gütigen Augen ist er immer noch liebenswert, wert, geliebt zu werden. Auch der schlimmste „Fall" kann nicht aus der allumfassenden Liebe Gottes herausfallen. Auch der Kindesmörder ist und bleibt ein geliebtes Kind Gottes.

Im Gefängnis habe ich erst kapiert, wie unglaublich provokant, skandalös der Glaube an einen allgütigen Gott ist, was für Sprengkraft das Evangelium enthält: Es sprengt die Mauer zwischen Guten und Bösen, zwischen Schuldigen und Unschuldigen. Der Sprengsatz: Liebe. Liebe fragt nicht nach Schuld. Aus Liebe helfen wir auch Menschen, die ihr Leid selbst verschuldet haben.

Der Vater im Himmel lässt seine Sonne aufgehen über Gerechte und Ungerechte, über alle Mauern hinweg, die wir Menschen zwischen uns hochziehen.

Lieben wir, leiden wir.
Werden wir nicht mehr geliebt,
können wir uns kaum noch leiden.

Kein anderer sieht die N
Du bist gefragt.
das Not-wendende zu tu

Zwischen Leben und Tod

Ein Mensch ist am Ende.
Er kann nicht mehr,
und will auch nicht mehr.
Er hat keine Kraft mehr,
noch zu wollen.

Nein, er will nicht sterben,
aber so kann er nicht weiterleben.
Ein Riss geht durch seine Seele.
Hin- und hergerissen
zwischen Leben und Tod.

Ein Mensch nimmt sich das Leben,
wie eine verbotene Frucht,
das Leben nimmt er sich,
das ihm viel besser scheint
als sein Leben hier auf Erden.

Gott ist doch der Herr über Leben
und Tod. Gott ist die Liebe.
Er verlangt von niemandem,
dass er die Last seines Lebens
länger trägt als er tragen kann.

*Niemand kann tiefer fallen
als in die Hände Gottes.*

Anstatt

Was ich Euch
noch sagen wollte.

Redet miteinander,
statt übereinander.

Geht aufeinander zu,
nicht gegeneinander an.

Versucht zu verstehen,
statt vorschnell zu urteilen.

Steht einander bei,
und nicht im Wege.

Schenkt euch ein Lächeln,
lasst eure schlechte Laune.

Vergesst das Streicheln nicht,
das Leben ist schon hart genug.

Reicht einander die Hand,
statt euch weiter zu bekriegen.

Drückt ein Auge zu
und manchmal auch zwei.

Seid milde, statt streng.
Auch mit euch selbst.

*Seid barmherzig,
wie auch euer Vater im Himmel
barmherzig ist.
Lukas 6,36*

Schöner Mann

Die meisten Männer
finden sich schön.
Die allermeisten Frauen
finden sich nicht schön.

Fast alle finden
wenigstens einen Mann,
der sich für schön hält.
Ein schöner Trostpreis.

*Zwei Freundinnen besuchen ohne ihre Ehegatten
eine Modenschau. Mit glänzenden Augen betrachten sie
die braungebrannten und gut gebauten jungen Männer,
die die neueste Herrenbademode vorführen.
Da flüstert die eine: „Da siehst du erst,
was wir für einen Kruscht daheim haben."*

Sie nimmt die Pille,
damit er immer kann.
Und kann er nimmer,
nimmt er die Pille.

Wenn wir wirklich
wunschlos glücklich wären,
würde uns etwas fehlen:
ein offener Wunsch.

Meine Herren

Dame dämlich.
Herr herrlich.
Herrlich dämlich,
was Mann dabei denkt.

Das Weib
ist auch so eine Sache
wie auch das Fräulein
ohne Männlein.

Die Jungfrau
sucht frustriert
den reinen Mann.
Oh Mannomann.

Bleibt noch die Kirche,
die katholische,
ein Altherrenclub
in Frauenkleidern.

Im Evaskostüm
steigt Emma auf die Kanzel,
liest dem Mannsvolk die Leviten.
Als Gott Adam schuf, übte sie nur.

ABC

In jungen Jahren	Im Alter
Arbeit	Alzheimer
Büro	Bypass
Computer	Chronisch
Disco	Diabetes
Emo	Einsam
Familie	Friedhof
Geld	Grießbrei
Handy	Hämorrhoiden
Internet	Inkontinent
Job	Jammern
Kosmetik	Krankenhaus
Love	Leiden
Machen	Medikamente
Nachtleben	Nebenwirkungen
Online	Osteoporose
Party	Prothese
Quote	Qualen
Rivalität	Rollator
Stress	Seniorenheim
Twitter	Tod
Urlaub	Urne
Verdienst	Verwelkt
Wlan	Windeln
Zukunft	Zahnlos

Und Ihr wollt wirklich alt werden?!

Kassenzettel - Strafzettel - Denkzettel

Bäcker sollten für jedes Brötchen einen Kassenzettel ausgeben. Und wie wir uns darüber geärgert haben!
Dann kam Corona, Lockdown, Ukrainekrieg, Energiekrise, Stromrechnung. Ach, wären wir doch wieder bei den Kassenzetteln!

Ein Strafzettel für Parken auf einem Behindertenparkplatz. Viel mehr als das Knöllchen trifft mich, was die Frau im Rollstuhl sagt: „Wenn Sie meinen Parkplatz nehmen, dann nehmen Sie bitte auch meine Behinderung."

Eine Behinderung, eine Diagnose, ein Unfall, ein Todesfall: Das Leben verpasst viele Denkzettel. Der letzte Denkzettel lässt uns kalt: Der Zettel am Zeh. Dazu der coole Spruch: Jeder Tag ohne Zettel am Zeh ist ein guter Tag!

DANKZETTEL

Vorsicht beim Öffnen – steht auf der kleinen Cigarillo-Schachtel. Ganz vorsichtig öffne ich das Deckelchen; bin gespannt, was mir da entgegenkommt. Ich traue meinen Augen nicht: *Danke* – *Danke* – *Danke*… in allen Farben, viele winzig klein aus Zeitschriften, Zeitungen ausgeschnitten, von Helmut in Haft. *Tausend Dank*. Beim Wort genommen. Helmut nimmt es nicht so genau: es sind 1010 Dankzettelchen.

Q

Ohne Kuh kein Quark,
kein Quiz, kein Qualm,
keine Querdenker
und auch kein IQ.

Der Quacksalber schmiert
seinen Klienten Salben an.
Der Querulant legt sich
selbst im Bett noch quer.

Ohne Quatsch:
trotz Qualitätsmedizin
stagniert die Sterbequote
bei hundert Prozent.

Kommt Qualität von Qual?
Von nichts kommt nichts.

Was wir vom Leben haben,
hängt nicht davon ab,
wie viele Jahre wir leben,
sondern wie wir jeden Tag erleben.

Weinen

Früher baten die Menschen Gott um die Gabe der Tränen. Es ist nicht jedem gegeben, (noch) weinen zu können. Viele wünschen sich ihre Tränen zurück. Sie möchten weinen, aber ihre Tränen sind versiegt. Sie sind leer geweint, ausgetrocknet, wie ein Boden nach langer Dürre. Andere unterdrücken ihre Tränen. Es gelingt ihnen nicht, die innere Blockade zu lösen. Wenn der Schmerz herauskäme, würden ihre Tränen sie überfluten. Ein Art Selbstschutz. Dabei würden sie gerne weinen, aber sie bringen es nicht fertig.

Viele Männer tun sich immer noch schwer damit, zu weinen, nach dem Motto: Ein Mann weint nicht. Keine Schwäche zeigen. Männer weinen oft nach innen. Tränen schmecken bitter, aber es tut gut, das Bittere herauszuweinen. Dadurch löst sich der Schmerz. Tränen entlasten, reinigen, klären den getrübten Blick. Augen, die geweint haben, sehen klarer. Tränen bringen Licht in unsere Seele.

Wir haben es (meistens) nicht selbst in der Hand, wann wir weinen. Tränen überkommen uns, überraschen uns manchmal. Ein Lied, ein Film, eine Romanze kann uns zu Tränen rühren.

In den Tränen ist das gleiche Salz wie im Meereswasser. Wir kommen ja aus dem Wasser. Wenn wir nicht mehr weinen (können), laufen wir Gefahr, krank zu werden. Tumore sind oft nicht geweinte, die verschluckten Tränen, sagen uns Heilpraktiker. Wenn keine Tränen fließen, setzt der Schmerz sich in uns fest. Die nicht geweinten Tränen vergiften unseren Körper, versteinern unsere Seele. Durch das Weinen kommt Trost in unser Inneres – der Trost der Tränen. Weinend kommen wir mit unserer innersten Quelle in Berührung. Mit unseren Tränen waschen wir unsere inneren Wunden aus. Tränen lügen nicht, decken die wahre Beziehung auf. Manche brauchen auch lange nach dem Tod des geliebten Menschen nur seinen Namen zu hören und schon schießen ihnen die Tränen in die Augen.

Weinende möchten nicht zum Aufhören getröstet werden. „Du brauchst nicht zu weinen" – „Reiß dich zusammen" – „Ist doch alles nicht so schlimm." Vielmehr brauchen sie einen Menschen, bei dem sie sich ausweinen können. Ein mitfühlender Mensch, der sie festhält, damit sie weiter weinen können. Es tut gut vor dem anderen traurig, schwach sein zu dürfen.

Wenn wir wissen, dass unser Weg zu Ende geht, kommen uns manchmal wie von selbst die Tränen. Wir weinen verpassten Chancen, versäumten Gelegenheiten nach. Tränen der Reue. Es ist ein ganz tiefer Schmerz, nicht mehr gutmachen zu können, was wir zutiefst bereuen.

Eine letzte Träne läuft im letzten Augenblick oft über die Wange, auch bei Menschen, die man nie hat weinen sehen. Diese eine letzte Träne drückt all die nicht geweinten Tränen aus und auch den Schmerz, sein Leben loszulassen und seine Lieben allein zurückzulassen.

Tränen sind nicht nur Ausdruck des Schmerzes, auch Glück kann uns zu Tränen rühren. Vor Freude weinen. Freudetränen. Etwa wenn der Totgeglaubte noch am Leben ist. „Frau, warum weinst du?", fragt der Auferstandene Maria Magdalena an seinem Grab. Was ist der tiefere Kern unserer Traurigkeit? Mit unseren Tränen beweinen wir vielfach uns selbst, weil wir nun den Weg allein ohne den geliebten Menschen weitergehen müssen.

Wir brauchen die Verstorbenen nicht beweinen. Sie haben hinter sich, was wir noch vor uns haben. Wenn ich es geschafft habe, hoffe ich, dass die Trauernden bei meiner Beerdigung nicht ganz bei Trost sind und unter Tränen über mich lachen.

Schnelllebig

Je schneller du läufst,
desto schneller bist du
am Ende.

Je schneller du fährst,
desto schneller bleibst du
auf der Strecke.

Je schneller du lebst,
desto schneller bist du
tot.

Lass dein Leben
nicht so schnell fahren.

Sie fuhren ein Rennen.
Der Sieger bekam den Kranz
auf sein Grab.

Voll und ganz

Wir messen der Länge
eines Lebens zu viel Wert bei.

Als ob ein langes Leben
schon ein gutes Leben wäre.

Was das Leben an Länge gewinnt,
verliert es oft an Tiefe.

Manche haben mit 48 Jahren
mehr gelebt als andere mit 84.

Nicht die Lebensjahre zählen,
sondern das Leben in den Jahren.

Er hat sein kurzes Leben
voll und ganz gelebt.
Todesanzeige

Schwarzsehen schadet,
schwächt unsere Abwehrkräfte,
macht uns das Leben schwer.
Grübeln führt in die Grube.

Handgreifliche Liebe

Über Liebe reden
lindert kein Leid.

Helfen, handeln,
anpacken.

Wunden verbinden,
Windeln wechseln.

Schleim absaugen,
den Rücken einreiben.

Die Hand reichen,
den Streit begraben.

Liebe leben.

Sie bettet ihn, sie badet ihn,
sie pflegt ihn, sie füttert ihn,
Löffelchen für Löffelchen.
Liebe - mit Händen zu greifen.

Liebe Leute

Die Leute reden,
schütteln den Kopf,
Weiß sie denn nicht …?

Doch sie weiß sehr wohl,
dennoch liebt sie ihn
mit Haut und Haar.

Und er ist doch der …
Was hat er denn bloß
in dieser Frau gesehen?

Er sieht in ihr
den wertvollen Schatz,
der anderen verborgen bleibt.

Beide tun einander gut,
haben sich viel zu sagen,
hören auf ihr Herz.

*Wenn zwei sich richtig lieben,
rücken sie ab von der Norm
und sind ganz normal verrückt.*

Liebevoll teilen sie das Leid,
leben hier und jetzt ihr Glück
und lassen die Leute reden.

*Nun bleiben Glaube, Hoffnung, Liebe, diese drei;
doch am größten unter ihnen ist die Liebe.
1 Korinther 13,13*

Stark

Man sagt mir:
Menschen seien schwach.
Das mag durchaus stimmen.

Gute Vorsätze werden nicht umgesetzt.
Wir fallen in alte Fehler zurück,
haben unsere Schwächen.

Trotzdem kann ich nur staunen,
wie stark Menschen sind,
was sie alles aushalten.

Nicht zu glauben,
welch schwere Last manche tragen,
was sie mit sich schleppen.

Und wenn sie mal am Boden sind,
stehen sie wieder auf
und lassen sich nicht unterkriegen.

Woher nehmen Menschen die Kraft,
tagein, tagaus all das Schwere,
Belastende zu bestehen?

Was einer dem anderen zuliebe aushält,
übersteigt oft jedes Verstehen,
steht doch über allem

Liebe.

Und wundern wir uns nicht auch,
was wir schon bewältigt haben
und wie stark wir damals waren?!

Selbstbefragung

Habe ich heute
schon gelebt?

*

Warum tue ich, was ich tue?

*

Wann war ich am glücklichsten im Leben?

*

Wenn ich könnte,
was wäre das erste,
was ich ungeschehen machen würde?

*

Wenn heute mein letzter Tag wäre,
was wäre das Letzte, was ich täte?

Gut fragen,
ist viel wissen.

Das Gute vom Schlechten

Gut und schlecht.
So einfach ist das nicht.
Das Gute ist oft nicht so gut,
wie wir anfangs gemeint haben.

Mit der Zeit erkennen wir,
wozu das Schlechte gut war.
Ein Unglück kann sich
zum Glück noch wenden.

Die Krankheit war heilsam.
Der Verlust bringt Gewinn.
Das Kreuz können wir auch
als Pluszeichen sehen.

Nein, Leid ist kein Segen,
tun wir doch alles,
um es schnellstens wieder
los zu werden.

Trotz tiefer Not und Traurigkeit,
können wir uns im Schatten
sonnen und im Dunkel
unser Licht leuchten lassen.

Aus allem das Beste machen.
Das ist die Kunst,
die Lebenskunst.
Aus Zitrone Limonade machen.

Durch meine Krankheit habe ich Einsichten gewonnen,
die ich nicht mehr hergeben möchte.
Waltraud, seit vielen Jahren MS-krank

Schrecklich schön

Wir verdrängen,
schieben vieles von uns weg,
aber es ist nicht weg.

Das Weggedrängte
kehrt oft um so mächtiger
in unser Bewusstsein zurück.

Manchmal erscheint es uns
nachts in einem Alptraum.
Voller Panik schrecken wir auf.

Was uns Angst macht,
ist vor allem das eigene Ende
und der Verlust unserer Liebsten.

Setzen wir uns auseinander
mit unserer Vergänglichkeit:
der Tod gehört zum Leben.

Das Bewusstsein
unserer Endlichkeit lehrt uns
endlich zu leben.

Heute ist der Tag,
jetzt der Moment,
diesen Augen-blick zu erleben.

Seien wir dankbar und bedenken wir:
ohne zu verdrängen
könnten wir nicht leben.

Würden wir all das Elend dieser Welt
wirklich an uns heranlassen,
liefen wir nur noch schreiend herum.

Trotz allem Schrecklichen
ist das Leben schön,
schrecklich schön.

Morgenglanz der Ewigkeit,
Licht vom unerschöpften Lichte,
schick uns diese Morgenzeit,
deine Strahlen zu Gesichte
und vertreib durch deine Macht
unsre Nacht!
EG 450

Hast du ein Ziel,
findest du deinen Weg.
Folgst du deiner Stimme,
findest du deine Bestimmung.

Wir standen vor einem hohen Berg
und glaubten, nicht hinaufzukommen.
Erst als wir oben waren,
sahen wir den Weg.

Wir brauchen einen Halt,
der uns in schweren Stunden
aufrecht hält und uns hilft,
das launische Leben
auszuhalten.

Jetzt hilft nur noch beten.

Nur beten hat noch nie geholfen.

Zu jeder Zeit
ist jetzt der Moment.
Jederzeit Jetztzeit.

Sei froh,
dass du deine Zukunft
nicht schon hinter dir hast
und deine Vergangenheit
noch vor dir.

Ein Schritt.

Ein Fall.

Ein Rückfall.

Ein Fortschritt.

Wenn wir nichts zu sagen haben,

ist alles, was wir sagen

nichtssagend.

Wir machen
Erfahrungen,
aber die Erfahrungen
machen uns.

Wir sind nicht mehr die,
die wir waren.
Wir haben uns verändert
und bleiben dennoch die,
die wir schon immer waren.

Die Kilos,
die wir zuviel haben,
fehlen den Hungernden.

Der Zahn der Zeit

Brücken. Implantate. Gebiss.
Sag mir, wo die Beißer sind.
Wo sind sie geblieben?

Täglich zeigen wir einander
unseren teuren Porzellanladen,
den Porsche im Mund.

Mit einem Lächeln
überbrücken wir die Lücken,
beißen uns tapfer durch.

Der Zahn der Zeit
nagt an jedem von uns,
kennt keine Karies.

Plomben, Stifte, Kronen,
zur Krönung füllen wir selbst
das letzte Loch.

Zahn trifft Nerv,
zurück zu den Wurzeln.

Du passt nur teilweise
zu deinem netten Passbild.
Deine dunklen Seiten
passen nicht hinein.

Spezialisten

Kardiologen,
Nephrologen,
Urologen.

Logisch
ein Spezialist
für jedes Organ.

Symptomatisch
für die Symptombehandlung
der modernen Medizin.

Und im Krankenhaus:
Der Magen in Zimmer 4.
Der Blinddarm in 6.

Die Ärzte
sind auch nicht mehr das,
was sie mal waren:
Für den ganzen Menschen da.

Eine Frau beim Orthopäden:
„Mein Knie tut weh."
„Ich kann nur Schulter."

Scheitern

Wer denkt bei Scheitern schon an Scheite aus Holz? Ein Schiff wird vom Sturm auf die felsige Küste geworfen und zerschellt. Der Schiffsbug bricht auseinander, das Holz zersplittert. Scheitern, in Seenot geraten. Ein Blitz aus heiterem Himmel, ein Schicksalsschlag wirft Menschen über Bord. Andere waren leichtsinnig, haben geglaubt, ihr Boot an einem Riff festbinden zu können. Manche haben die Warnsignale nicht ernstgenommen und segelten regelrecht ins Unglück. Selbstüberschätzung ist nicht selten die Ursache für das Scheitern. Nein, es ist nicht nur Pech, dass wir Schiffbruch erleiden.

Um eigenes Scheitern zu ent-schuldigen, suchen wir einen Schuldigen. Den Partner, den großen Bruder, die dominante Schwester, Vater und Mutter. Was können wir dafür, dass unsere Eltern uns Idealvorstellungen beigebracht haben, denen wir nicht genügen. Ihre Forderungen haben uns vielfach überfordert. Solange wir anderen die Schuld an unserem Scheitern geben, können wir unsere Wut, Aggression nach außen verlagern. Das entlastet. Viel schmerzlicher ist es, die Schuld bei uns selbst zu suchen. Und sich eigene Fehler einzugestehen: Zu hohe Ansprüche, übertriebener Ehrgeiz ...

Scheitern ist schlimm, viel schlimmer als Misslingen. Scheitern erschüttert die Grundfeste unseres Lebenshauses. Plötzlich erkennen wir, dass wir auf Sand gebaut haben. Unser Lebensmodell liegt in Trümmern.

Scheitern ist oft an das Missverständnis gekoppelt, dass alles im Leben machbar sei. Da will ein Paar erst genügend Geld verdienen, dann ein Haus bauen und dann zwei Kinder haben. Doch keines kommt. Oder: Kaum steht das Haus, bricht die Ehe auseinander. Alles, was wir Menschen vorhaben, ist mit einem Risiko behaftet. Unser Plan kann fehlschlagen. Es gibt Unvorhergesehenes und Unvorhersehbares. Und wir sind Menschen, wir machen Fehler.

Besonders schwer fällt es uns, das Scheitern von Beziehungen anzunehmen. Viele können sich mit ihrer gescheiterten Ehe nicht abfinden. Da ist etwas in ihnen zerbrochen: der Glaube an die große Liebe, sich in seinem Schatz so getäuscht zu haben ...

In jedem Leben gibt es den einen oder anderen Bruch. Wir können gewisse Klippen nicht umschiffen. Eines Tages geraten auch wir in die Stürme des Lebens. Spätestens im Alter zeigt unser schönes Schiff Risse. Bretter brechen ab. Krankheiten brechen über uns ein. Manche versinken in Schwermut. Andere wissen sich ganz tief in Gottes Liebe verankert und sehen ihrem „Untergang" ganz gelassen entgegen. Sie singen auf dem Sterbebett. „Meine Hoffnung und meine Freude, meine Stärke, mein Licht, Christus meine Zuversicht." Es ist schon ein starkes Stück, seine Hoffnung an dem Mann am Kreuz fest zu machen. Er hing am Holz der Schande, gänzlich gescheitert.

Hoffen wider alle Hoffnung, glauben, dass es dennoch weitergeht. „Es ist die Hoffnung, die den Schiffbrüchigen mit seinen Armen weiter rudern lässt, obwohl kein Land in Sicht ist", sagt der römische Dichter Ovidius. Es ist die Hoffnung, die unheilbar Kranken die Kraft gibt in aussichtsloser Lage weiterzuleben. Es ist die Hoffnung auf das andere Ufer, die Sterbende so zuversichtlich macht und sie getrost hinüberfahren lässt.

Es wird ein Sonnenaufgang sein,
wenn unser Boot landet
am anderen Ufer.
Der Herr wird dort stehen
und auf uns warten.
Und alles wird münden
in diesen Hafen des Friedens,
wo wir ihm übergeben,
was immer wir sind.

Hüpfend Hoffend

Hoffen. Hüpfen.
Wer beim Sackhüpfen
zu weit hüpft,
sich zu viel erhofft,
fliegt auf die Nase.

Auch über Stock und Stein
hüpfen wir munter weiter.
Wir hoffen auf die Operation
und danach auf die Bestrahlung
und die Chemotherapie.

Von der Schulmedizin
hüpfen wir zum Heilpraktiker
oder auch zur Heilerin.
Und können auch sie nicht helfen,
hoffen wir weiter auf ein Wunder.

Wenn wir dann jegliche Hoffnung
auf Heilung begraben müssen,
hüpfen wir über das dunkle Loch,
hoffen auf ein Leben nach dem Tod
und unsere Lieben wiederzusehen.

Ich habe jegliche Hoffnung verloren.
Aber eine Hoffnung habe ich noch:
Dass ich eines Tages meine Mutter wiedersehe.
Diese Hoffnung hält mich über Wasser.
Ein Obdachloser

Ausgespielt

Der Vorhang zieht sich langsam zu.
Nun muss ich leise Abschied nehmen
und kann die Masken fallen lassen.

Jetzt brauche ich mich nicht mehr
in Szene zu setzen und aufzuspielen,
stehe ja nicht mehr im Rampenlicht.

Ich habe meine Rolle gespielt.
Der Applaus hat mir geholfen,
das Theater mitzumachen.

Bis heute weiß ich nicht,
wie das Stück eigentlich heißt.
Ist es ein Drama, eine Komödie?

Wer hat das Ganze inszeniert,
ein sogenannter Gott?
Viele Fragen bleiben offen.

Auch würde ich gerne wissen,
wer den Vorhang zuzieht
und warum gerade dann.

Beim Abgang von der Bühne
bekomme ich noch etwas Beifall
und auch ein paar rote Rosen.

Das war´s.
War´s das?
Wenn ich das nur wüsste.

Nackt treten wir ab,
werden wieder verkleidet,
todschick.

Trostlos

Wir möchten Traurige trösten,
sagen ihnen etwas Schönes.

Manches Leid ist trostlos,
verträgt keinen Trost.

Die gutgemeinten Trostworte
sind oft nur Vertröstung.

Trauernde fühlen sich angeschmiert,
in ihrem Leid nicht ernst genommen.

Salbungsvolle Worte
sind Salz auf die Wunde.

Verzichten wir auf Trost,
und machen keine Worte.

Erweisen wir Respekt
vor dem Schmerz des anderen.

Stehen wir ihm lieber still zur Seite
und halten wir den Mund.

Wer früher stirbt,
lebt länger ewig.

Sternenstaub

Unser Leben ist voller Staub.
Feinstaub umgibt uns im Freien.
Und in der Wohnung wischen wir Staub,
bis neuer wieder nachkommt.
Woher kommt der Staub eigentlich,
was ist er vorher gewesen?

Auch im Weltall wimmelt es von Staub.
Sterneschnuppen machen Kometenstaub
für uns auf Erden sichtbar.
Wir sind auch aus Sternenstaub entstanden,
tragen den Kohlenstoff in unseren Zellen,
das uralte Calcium in unseren Knochen.

Eines Tages machen wir uns aus dem Staub.
Was dann aus uns wird,
steht in den Sternen.
Sind sie auch schon längst erloschen,
ihr Licht leuchtet immer noch –
so wie einst wir.

Da sagt die Mutter zu ihrer Tochter:
„Nach meinem Tod nimmst du meine Urne mit heim.
Aber jede Woche abstauben!"

Gehen lassen

Ein Mensch kann nur gehen,
wenn seine Lieben
ihn auch gehen lassen.

Mit den eigenen Gefühlen
nicht im Wege stehen.
Nicht klammern.

Wahre Liebe gibt frei,
will den andern nicht länger
für sich behalten.

Loslassen.
Gehen lassen.
Ein letzter Liebesdienst.

„Lasst mich gehen. Bitte, lasst mich gehen. Bitte.
Ihr klammert, krallt euch an mir fest.
Wie soll ich denn gehen können?"
Ein Sterbender

Memento mori.
Moment mal.
Eines Tages sterben wir.
An allen anderen nicht.

Sterben

Wir sterben nicht nur am Tod,
nicht erst am Ende unserer Tage.
Mitten im Leben sterben wir,
den Tod vor dem Tod.
Wir sterben mit unseren Lieben mit,
tragen ein Stück von uns zu Grabe.
Und so leben wir täglich weiter,
bis wir unseren letzten Tod sterben.

Wie möchten Sie sterben? Plötzlich, aber noch lange nicht, lautet die vielsagende Antwort der meisten. Am liebsten nachts im Schlaf entschlafen, dann bekommt man gar nichts mit. Aber dann gibt es für die Angehörigen ein böses Erwachen. Neben einem Toten aufzuwachen und seine eiskalte Hand zu spüren, ist ein Albtraum.

Ein Sekundentod ist schön für den, der geht. Aber für seine Lieben, die zurückbleiben, ist es der reinste Horror. Von jetzt auf gleich ist alles anders. Ohne vorher Abschied nehmen zu können, ohne sich darauf einstellen zu können, müssen sie den geliebten Menschen gehen lassen.

Bei einem plötzlichen Tod fehlt uns eine wichtige Lebenserfahrung, vielleicht die wichtigste. Wer nichts mitbekommt, kriegt nichts mit, ist ärmer als derjenige, der sein Sterben bewusst miterlebt.

Ich selbst bin neugierig, wie sterben geht. Trotzdem hätte ich nichts gegen einen plötzlichen Tod. Denn ich habe auch Angst. Wenn ich an meine Choupette denke, wie sie trotz Sauerstoffapparat rund um die Uhr kaum Luft bekommen hat, dann möchte ich mit meinem Lungenkrebs gerne auf diese Sterbeerfahrung verzichten. Choupette war die letzten Stunden ganz ruhig und ist ganz ruhig, friedlich von uns gegangen - ohne Atemnot, ohne Schmerzen, ohne Todeskampf - wie das bei vielen anderen oft noch ist. Menschen sterben sehr unterschiedlich, manche glauben: Jeder stirbt so, wie er gelebt hat.

Viele sind am Ende des Lebens müde, möchten nur noch schlafen, schlafen, für immer einschlafen. „Einschlafen dürfen, wenn man müde ist, eine Last fallen lassen dürfen, die man lange getragen hat, ist etwas Gutes"(Hermann Hesse). Sterben dürfen ist eine Gnade, gerade in Zeiten der Apparatemedizin, die oft das Leben unnötig verlängert und den Tod unendlich lange hinauszögert.

Auf der letzten Strecke wenden wir uns mehr und mehr nach innen und reden weniger. Worte verlieren ihre Wichtigkeit. Das Sprechen kommt an eine Grenze. Sterben lässt sich nicht mitteilen, nicht mit anderen teilen. Auch die Angehörigen finden oft keine Worte. Doch die streichelnde Hand sagt im Stillen: Du, ich bin bei dir. – Ich lasse dich nicht allein – Ich liebe dich.

Auch schweigend können wir einander sehr nahe sein und mehr sagen als mit Worten.

An der Hand des geliebten Menschen zu sterben ist eine große Hilfe. „Wenn ein lieber Mensch bei mir wäre, der meine Hand hält, mit mir ein Vaterunser betet und mir noch einmal ‚Befiehl du deine Wege' vorsingt, könnte ich in Frieden gehen." Aber viele Menschen haben niemanden, der sie liebevoll aus dem Leben geleitet. Sie werden allein gelassen, im Stich gelassen von ihren Lieben und sind am Ende ganz allein mit sich und ihrer Angst. Und längst nicht alle können glauben, dass der Exitus ein Introitus ist, ein Eintreten in eine andere Welt.

Was geschieht, wenn wir sterben? Läuft dann das Leben wie ein Film noch einmal vor uns ab? Sind wir bei einem Sekundentod gleich tot oder sehen wir im letzten Augenblick unser Leben in einer blitzschnellen Rückschau? Gehen uns im Tod die Augen auf und sehen wir dann unser Leben so, wie Gott es sieht: Mit den Augen der ewigen Güte?

Wir wissen es nicht. Wenn ich aber sehe, wie gelöst, erleichtert, ja glücklich viele Verstorbene ausschauen, denke ich, dass sie im letzten

Augenblick das Licht am Ende des Tunnels gesehen haben. Ist ihnen im letzten Augenblick die Erleuchtung widerfahren, dass von ihnen ein solch tiefer Frieden ausgeht?

Vielleicht ergeht es uns am Ende so wie Karl Valentin auf dem Sterbebett: „Mein Leben lang habe ich Angst gehabt. Und jetzt das!"

Zu guter Letzt

Nach dem Tod ihres Mannes
ist das erste, was sie sagt:
Nun gehört mir endlich
die Fernbedienung.

Seine letzten Worte:
So eine wie dich
werde ich nicht mehr finden.
und auch nicht mehr suchen.

Auf dem Aldi Parkplatz
möchte ich die letzte Ruhe finden.
Dann besuchen meine Kinder mich
wenigstens einmal die Woche.

Er segnete das Zeitliche
beim Sex
mit siebenundachtzig.
Ein letzter Liebesdienst.

Sie wollte schon immer wissen,
wie sich ihr eigener Tod anfühlt
und legt sich abends in den Sarg.
Zum Probeliegen.

Menschen mit Nahtoderfahrung
sind sich sicher:
Das Schönste im Leben ist
Sterben.

Es gibt kein happy end,
auch wenn manche am End happy sind.

Mir nicht egal

Das ist doch egal. Wenn wir tot sind, kriegen wir sowieso nichts mehr mit. Ist es wirklich egal, was nach dem Tod mit uns geschieht? Einäschern oder beerdigen. Friedhof oder Friedwald. In der Urnenwand oder in der Erde.

Meine Frau wollte partout nicht auf den Friedhof. Sie wollte in keinem Schließfach und auch nicht unter die Erde. „Da ersticke ich", hat sie gesagt. Sie wollte frei sein, wie die Möwen am Meer. Und so haben wir ihre Asche in den Dünen ihrer geliebten Nordsee verstreut. Mit Seifenblasen haben wir ihr gute Reise gewünscht und sie fliegen lassen. Das war ganz in ihrem Sinne und so könnte ich es eigentlich auch bei mir gut vorstellen. Aber ich will vorher nicht in den Ofen. Das ist mir zu heiß. Wenn es ein natürliches Feuer wäre, dann hätte ich nichts dagegen. Aber die Verbrennung im Krematorium ist ja die reinste Vernichtung. Nein danke. Ich möchte nicht schön kremiert aus dem Ofen herauskommen, ganz ohne creme. Lieber kehre ich in den Schoß der Mutter Erde zurück, um langsam zu verwesen. Meine schöne Leiche wird entlarvt. Sollen die Würmer sich schön satt essen an mir altem Madensack.

Ich habe mich noch nicht entschieden, wo ich beerdigt werden möchte. In Tamm, meinem Wohnort oder in Asperg auf dem Friedhof, mit schöner Aussicht auf den Hohenasperg. Der „Tränenberg" hat mich auch nach 40 Jahren immer noch nicht losgelassen, es zieht mich immer noch zu ihm hin. Und in der Michaelskirche habe ich unzählige Trauerfeiern gehalten und die Angehörigen zum Grab begleitet. Ich war auch oft in der Bonifatiuskirche, am anderen Ende des Friedhofs. Auf dem Gottesacker spielt die Konfession keine Rolle mehr. Alle sind gleich, gleich gültig. Egal, was einer war, wie viel er hatte, am Ende verfällt jeder Mensch zu Staub. An Aschermittwoch und Buß- und Bettag halte ich jedes Jahr einen Vortrag im Glasperlenspiel, in nächster Nähe vom Asperger Friedhof. Ein Grund mehr, dass ich dort meine letzte Ruhe finden möchte. Tamm hin, Asperg her. Manche mögen das Tamtam um den Beerdigungsort nicht verstehen. Doch das ist mir egal.

Die Qual der Wahl

Du hast die Qual der Wahl:
In die Erde oder in den Ofen.
Friedhof, Wald, Nordsee.
Du hast die Qual der Wahl,
wenn du über die Grenze gehst:
Almwiese, Bergbach, Gipfel.

Oder du entscheidest dich
für eine anonyme Beisetzung:
kein Stein, kein Kreuz, kein Name,
nichts soll noch an dich erinnern.
Kein Mensch weiß,
wo der Hund begraben liegt.

Oder du lässt aus deiner Asche
einen Diamanten pressen.
Somit hat deine bessere Hälfte
dich immer noch am Hals
oder sie wickelt dich weiter
um den Finger.

Oder möchtest du deinen Staub
lieber in einer Lippenstifthülse
ins Weltall schicken
und als Satellit um die Erde kreisen?
Dann dreht die ganze Welt
sich weiterhin um dich.

Oder du lebst den Traum
der Unsterblichkeit.
Alles würde sich
unendlich wiederholen
und du hättest mit der Zeit
das Leben satt.

Du würdest den Tod herbeisehnen
und alles geben,
damit dein Leben endlich
ein Ende hat
und du dich zu guter Letzt
nicht selbst umbringst.

Ewig leben auf Erden.
Ein Traum wird zum Alptraum.

Du hast den Weg verloren
und bist auf der Suche.
Solange du suchst,
bist du nicht verloren.

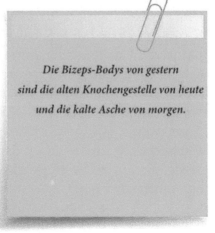

Die Bizeps-Bodys von gestern
sind die alten Knochengestelle von heute
und die kalte Asche von morgen.

Was am Ende bleibt

Wir alle möchten, dass wir nicht vergeblich hier auf Erden sind. Wir hoffen, dass unser Leben einen Sinn hat. Was bleibt am Ende von allem, was wir getan haben? Mag sein, dass wir bei unserer Lebensernte keine vollen Scheunen einfahren. Wenn aber nur das Körnchen Liebe, das der Himmel in uns angelegt hat, aufgegangen ist, dann hat unser Leben schon reiche Frucht gebracht.

Was bleibt am Ende unserer Tage? Welche Gedanken begleiten uns bis zuletzt? Und welche Erinnerungen? Manches hat sich so tief in uns verinnerlicht, dass wir es bis zum letzten Atemzug nicht vergessen können. Was nehmen wir mit ins Grab? Unser Geheimnis, es bleibt geheim.

Was bleibt von all unserem Sehnen und Wünschen? Welche Wünsche blieben unerfüllt? Trotzdem war es vielleicht ein erfülltes Leben.

Was bleibt letztlich von allem, was wir geglaubt, worauf wir fest vertraut haben?

Worauf können wir uns angesichts der eigenen Hinfälligkeit und die des Ganzen noch verlassen, wenn überhaupt?

Hoffentlich bleibt mir bis zuletzt die Gottverbundenheit, die mir so viel Kraft gibt. Ich glaube zwar nicht an einen persönlichen Gott, aber mein Leben lang habe ich das Gefühl gehabt, begleitet, beschützt worden zu sein. Mein Schutzengel war stets auf der Hut. Bei einem schweren Unfall auf der Autobahn hat der Himmel mir ein ganzes Heer Schutzengel geschickt. Ja, ich hätte schon mehrmals auf der Strecke bleiben können und bin im Vergleich zu vielen anderen gut davongekommen.

Die Frage bleibt: Was geschieht, wenn wir hinübergehen? Wenn wir das Zeitliche segnen, treten wir dann tatsächlich ein in die Ewigkeit? Werden wir unsere Lieben wirklich wiedersehen? Schauen wir mal, dann sehen wir schon.

Unser Lebensteppich

Jeden Morgen greifen wir die Arbeit wieder auf
und spinnen weiter, immer weiter, so gut wir können.
Täglich weben wir an einem riesengroßen tollen Teppich,
fügen feine farbige Fäden zusammen, ohne erkennbares Muster.
Manchmal knüpfen wir nur Knoten und sind total versponnen
in unserem Ich. Wir merken selber nicht, wie sehr wir spinnen.
Wir ärgern uns über das Durcheinander! Fäden hängen heraus.
Und auch die Farben passen nicht zusammen. Wir sind verwirrt.
Was sollen all die Verknotungen, Verknüpfungen und die Knäuel?
Solange wir leben sehen wir den Teppich nur von der Rückseite.
Doch dann, ja dann, wird er mit einem Mal von vorne sichtbar.
Mit großen Augen schauen wir ein farbenprächtiges Muster.
Wir können nur staunen, wie aus diesem ganzen Wirrwarr
mit den unzähligen unseligen Knoten und Knäueln
etwas so Wunderbares geworden ist.
Unser Lebensteppich.

Nachwort

Das Allerletzte

Die letzte Zigarette.
Das letzte Glas.
Der letzte Joint.

Alle guten Vorsätze
fangen morgen an.
Das Fleisch ist schwach.

Und die Gewohnheit
wohnt ganz tief in uns,
wird zur Abhängigkeit.

Das angeblich letzte Mal
ist meist nicht mal
das vorletzte Mal.

Ich hatte schon immer
verdächtig viel Verständnis
für allerlei Süchte.

Nach dem letzten Buch
das allerletzte,
danach das allerletzteste.

Das ist
wirklich das letzte.
Und das sagt man nicht.

Auch in diesem Buch
sage ich so manches,
was man nicht sagt.

Trotzdem hoffe ich,
dass es Euch zusagt
und Ihr anderen weitersagt,
was ich Euch   \
noch sagen wollte.

Euer Petrus

Kürzlich erschienen im Verlag Dignity Press

Petrus Ceelen

DenkZettel

Aus meiner bunten Lebensbibel

2021, 141 Seiten
ISBN 978-1-937570-13-2

„Petrus, der Rückblick auf dein Leben, wie deine Texte seit jeher: humorvoll, ehrlich und tiefgründig, dass einem beim Lesen die Worte fehlen, dafür die Augen feucht macht - man merkt, der redet ja vielleicht von mir selbst."
— *Wolfram Kaier, Seelsorger*

Petrus Ceelen

Dankzettel

Wie Worte weiter wirken

2022, 142 Seiten
ISBN 978-1-937570-02-6

Wie Worte weiterwirken, davon erzählen Weggefährten, Frauen und Männer in verschiedensten Lebenslagen, Menschen hinter Gittern ... Ganz persönliche Geschichten, mit Herzblut geschrieben, Briefe, Dankzettel, die zu denken geben.

Weitere Bücher von Petrus Ceelen bei Dignity Press

Erhältlich im Buchhandel
oder über
www.dignitypress.org